2015
개정 교육과정

NE 능률

계통으로 수학이 쉬워지는
새로운 개념기본서

월등한 개념 수학

개념 학습책

[초등수학 5-1]

- 전후 개념의 연결고리를 만들어 주는 계통 학습
- 응용 문제를 단계별로 해결하여 실력 완성
- 개념 학습책과 스스로 학습책의 1:1 매칭

지은이 | NE능률 수학교육연구소 한아름 김현주

전국의 많은 수학 선생님들께서 월등한 개념 수학을 더욱 월등하게 만들어 주셨습니다!

"월개수는 수학적 원리도 모른 채 기계적으로 수학 문제를 풀고 있는 학생들을 위한 선물입니다. 월개수의 계통 수학으로 꾸준히 공부한다면 월개수는 여러분을 배신하지 않을 것입니다."
- 오수환 선생님 -

"책 전체가 짜임새 있고 빈틈없이 구성되어 있어 예습과 복습을 한 권으로 해결할 수 있는 교재입니다."
- 이동지 선생님 -

"개념 학습책의 '익힘책 문제 익히기'와 '실전 문제 익히기'는 실전을 대비할 수 있어서 좋았고요. 개념 학습책과 1:1로 대응되는 스스로 학습책으로 다시 한번 되짚고 점검할 수 있어서 좋았습니다."- 장미선 선생님 -

검토단 선생님

곽병무 선생님 (미래탐구학원)
구평완 선생님 (구평완수학전문학원)
권혁동 선생님 (청탑학원)
김경남 선생님 (유앤아이학원)
김국철 선생님 (필즈영수전문학원)
김남진 선생님 (파스칼수학학원)
김대곤 선생님 (갈릴리수학학원)
김방래 선생님 (비전매쓰학원)
김선희 선생님 (유레카학원)
김수연 선생님 (개념폴리아학원)
김영태 선생님 (박찬민수학학원)
김용 선생님 (용수학학원)
김유승 선생님 (홍제고려학원)

김현주 선생님 (HJ수학학원)
나현정 선생님 (신통영수전문학원)
동선용 선생님 (김샘학원)
류현주 선생님 (e-스터디학원)
박미숙 선생님 (유클리드왕수학학원)
박영근 선생님 (성재학원)
박유미 선생님 (한스터디학원)
서용준 선생님 (성심학원)
서원준 선생님 (비투비수학학원)
설성환 선생님 (더움은수학학원)
신미아 선생님 (일곡열린학원)
양구근 선생님 (매쓰피아학원)
오수환 선생님 (삼삼공학원)

원근식 선생님 (원수학학원)
유병빈 선생님 (서일학원)
윤인영 선생님 (브레인수학학원)
이구태 선생님 (휘경수학학원)
이동지 선생님 (동지학원)
이동훈 선생님 (일등급학원)
이두환 선생님 (수입시학원)
이사야 선생님 (피드백학원)
이송이 선생님 (인재와고수학학원)
이수경 선생님 (북킨쉽학원)
이영엽 선생님 (엘림수학전문학원)
이재영 선생님 (EM학원)
이치원 선생님 (세종학원)

이화진 선생님 (봉담쌤통학원)
이흥식 선생님 (흥샘학원)
장경미 선생님 (휘경수학학원)
장미선 선생님 (형설학원)
정미진 선생님 (맞춤수학학원)
정양수 선생님 (와이즈만수학학원)
정재도 선생님 (네오올림수학학원)
조성미 선생님 (투탑학원)
조항석 선생님 (계광중학교)
천경목 선생님 (미래탐구학원)
최현진 선생님 (세종학원)
한효관 선생님 (힘수학학원)

자문단 선생님

[서울]
고희권 선생님 (교우학원)
권치영 선생님 (지오학원)
김기방 선생님 (일등수학학원)
김대주 선생님 (황선영수학원)
김미애 선생님 (스카이맥에듀학원)
김영섭 선생님 (하이클래스)
김희성 선생님 (다솜학원)
박소영 선생님 (임페라토학원)
박혜경 선생님 (개념올플러스학원)
배미은 선생님 (문일중학교)
승영민 선생님 (청담클루빌학원)
이관형 선생님 (휴브레인학원)
이성애 선생님 (필즈학원)
이정녕 선생님 (펜타곤에듀케이션학원)
이효심 선생님 (뉴플러스학원)
임여옥 선생님 (명문연세학원)
임원정 선생님 (대현학원)
조세환 선생님 (이레학원)

[경기·인천]
강병덕 선생님 (청산학원)
강희표 선생님 (비원오길수학)
김동욱 선생님 (지성수학전문학원)
김명환 선생님 (김명환수학학원)
김상미 선생님 (김상미수학학원)
김선아 선생님 (하나학원)
김승호 선생님 (시흥 명품M학원)
김영희 선생님 (정석학원)

김은희 선생님 (제니스수학)
김인성 선생님 (우성학원)
김지영 선생님 (종로엠학원)
김태훈 선생님 (피타고라스학원)
문소영 선생님 (분석수학학원)
박성준 선생님 (아크로학원)
박수진 선생님 (소사왕수학학원)
박정근 선생님 (카이수학학원)
방은선 선생님 (이룸학원)
배철환 선생님 (매쓰블릭학원)
신금종 선생님 (다우학원)
신수림 선생님 (광명 SD명문학원)
이강민 선생님 (스토리수학학원)
이광수 선생님 (청학올림수학학원)
이광철 선생님 (블루수학학원)
이진숙 선생님 (휴먼이엠학원)
이채연 선생님 (다니엘학원)
이후정 선생님 (한보학원)
전용석 선생님 (연세학원)
정재도 선생님 (올림수학학원)
정재현 선생님 (마이다스학원)
정청용 선생님 (고대수학원)
조근장 선생님 (비전학원)
채수현 선생님 (밀턴수학학원)
최민회 선생님 (부천종로엠학원)
최우석 선생님 (블루밍영수학원)
하영석 선생님 (의치한학원)
한태섭 선생님 (선부 지캠프학원)
한효섭 선생님 (영웅아카데미학원)

[부산·대구·경상도]
강민정 선생님 (A+학원)
김득환 선생님 (세종학원)
김용백 선생님 (서울대가는수학학원)
김윤미 선생님 (진해 푸르넷학원)
김일용 선생님 (서진학원)
김태진 선생님 (한빛학원)
김한규 선생님 (수&수학원)
김홍식 선생님 (칸입시학원)
김황열 선생님 (유담학원)
박병무 선생님 (멘토학원)
박주흠 선생님 (술술학원)
서영덕 선생님 (탑앤탑영수학원)
서정아 선생님 (리더스주니어랩학원)
신호재 선생님 (시메쓰수학)
유명덕 선생님 (유일학원)
유희 선생님 (연세아카데미학원)
이상준 선생님 (조은학원)
이윤정 선생님 (성문학원)
이허상 선생님 (한성교육학원)
이현정 선생님 (공감수학학원)
이현주 선생님 (동은위더스학원)
이희경 선생님 (강수학학원)
전경민 선생님 (아이비츠학원)
전재후 선생님 (진스터디학원)
정재헌 선생님 (에디슨아카데미학원)
정진원 선생님 (명문서울학원)
정찬조 선생님 (교원학원)
조명성 선생님 (한샘학원)

차주현 선생님 (경대심화학원)
최학준 선생님 (특별한학원)
편주연 선생님 (피타고라스학원)
한möご광 선생님 (성산학원)
허균정 선생님 (이화수학학원)
황하륜 선생님 (THE 쉬운수학학원)

[대전·충청도]
김근래 선생님 (정통학원)
김대두 선생님 (페르마학원)
문중식 선생님 (동그라미학원)
석진영 선생님 (탑시크리트학원)
송명준 선생님 (JNS학원)
신영선 선생님 (해머수학학원)
오현진 선생님 (청석학원)
우명식 선생님 (상상학원)
윤충섭 선생님 (최윤수학학원)
이정주 선생님 (베리타스수학학원)
이진형 선생님 (우림학원)
장전원 선생님 (김앤장영어수학학원)
차진경 선생님 (대현학원)
최현숙 선생님 (아임매쓰수학학원)

[광주·전라도]
김미진 선생님 (김미진수학학원)
김태성 선생님 (필즈학원)
김현지 선생님 (김현지수학학원)
김환철 선생님 (김환철수학학원)
나윤호 선생님 (진월 진선규학원)

노형규 선생님 (노형석 수학학원)
문형임 선생님 (서부 고려E수학학원)
박지연 선생님 (온탑학원)
박지영 선생님 (일곡 카이수학/과학학원)
방미령 선생님 (동천 수수학학원)
방주영 선생님 (스파르타 수학학원)
송신영 선생님 (반세영재학원)
신주영 선생님 (용봉 이룸수학학원)
오성진 선생님 (오성진 수학스케치학원)
유미행 선생님 (왕일학원)
윤현식 선생님 (강남에듀학원)
이고은 선생님 (리엔수학학원)
이명래 선생님 (오른수학&이명래학원)
이은숙 선생님 (윤재석수학학원)
장인경 선생님 (장선생수학학원)
정은경 선생님 (일곡 정은수학학원)
정은성 선생님 (챔피언스쿨학원)
정인하 선생님 (메가메스수학학원)
정희철 선생님 (운암 천지학원)
지승룡 선생님 (임동 필즈학원)
최민경 선생님 (명재보습학원)
최현진 선생님 (백운세종학원)

수학 계통도

초등

영역	초1	초2	초3	초4	초5	초6	중1
수와 연산	1-1 □ 9까지의 수 □ 덧셈과 뺄셈 □ 50까지의 수	2-1 □ 세 자리 수 □ 덧셈과 뺄셈 □ 곱셈	3-1 □ 덧셈과 뺄셈 □ 나눗셈 □ 곱셈 □ 분수와 소수	4-1 □ 큰 수 □ 곱셈과 나눗셈	5-1 □ 자연수의 혼합 계산 □ 약수와 배수 □ 약분과 통분 □ 분수의 덧셈과 뺄셈	6-1 □ 분수의 나눗셈 □ 소수의 나눗셈	중1 □ 수와 연산 □ 문자와 식
	1-2 □ 100까지의 수 □ 덧셈과 뺄셈(1) □ 덧셈과 뺄셈(2) □ 덧셈과 뺄셈(3)	2-2 □ 네 자리 수 □ 곱셈구구	3-2 □ 곱셈 □ 나눗셈 □ 분수	4-2 □ 분수의 덧셈과 뺄셈 □ 소수의 덧셈과 뺄셈	5-2 □ 분수의 곱셈 □ 소수의 곱셈	6-2 □ 분수의 나눗셈 □ 소수의 나눗셈	
도형	1-1 □ 여러 가지 모양	2-1 □ 여러 가지 도형	3-1 □ 평면도형	4-1 □ 평면도형의 이동	5-2 □ 합동과 대칭 □ 직육면체	6-1 □ 각기둥과 각뿔	중1 □ 기본 도형 □ 평면도형 □ 입체도형
	1-2 □ 여러 가지 모양		3-2 □ 원	4-2 □ 삼각형 □ 사각형 □ 다각형		6-2 □ 공간과 입체 □ 원기둥, 원뿔, 구	
측정	1-1 □ 비교하기	2-1 □ 길이 재기	3-1 □ 길이와 시간	4-1 □ 각도	5-1 □ 다각형의 둘레와 넓이	6-1 □ 직육면체의 부피와 겉넓이	
	1-2 □ 시계 보기	2-2 □ 길이 재기 □ 시각과 시간	3-2 □ 들이와 무게		5-2 □ 수의 범위와 어림하기	6-2 □ 원의 넓이	
규칙성	1-2 □ 규칙 찾기	2-2 □ 규칙 찾기		4-1 □ 규칙 찾기	5-1 □ 규칙과 대응	6-1 □ 비와 비율	중1 □ 좌표평면과 그래프
						6-2 □ 비례식과 비례배분	
자료와 가능성		2-1 □ 분류하기	3-2 □ 자료의 정리	4-1 □ 막대그래프	5-2 □ 평균과 가능성	6-1 □ 여러 가지 그래프	중1 □ 통계
		2-2 □ 표와 그래프		4-2 □ 꺾은선그래프			

* 2015 개정 교육과정 초1~중1 교과 내용 체계

월등한 개념 수학

계통으로 수학이 쉬워지는
새로운 개념기본서

(초등수학 5-1)

개념 학습책

구성과 특징

 ## 개념 학습책

① 단원 계통 잇기

단원의 계통을 한눈에 알 수 있습니다.

이번 내용 – 다음 내용

② 개념 익히기

교과서 개념과 원리를 학습합니다.

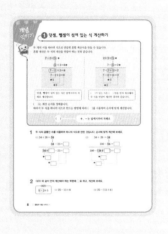

③ 개념 확인하기

문제를 통해 개념을 잘 이해했는지 확인해 봅니다.

 ## 스스로 학습책

스스로 한번 더 복습해 보세요.

기초력 다지기

스스로 개념 확인하기

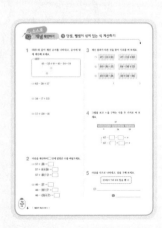

개념에 강하다! 월등한 개념 수학!

 이전 학습, 본 학습, 이후 학습의 연결로 수학의 개념을 탄탄하게!

 개념 이해부터 문제해결력까지 실력을 완벽하게!

 1:1 매칭 학습으로 복습을 제대로!

4 실전문제 익히기

다양한 유형의 문제로 개념을 적용하는 능력을 키웁니다.

5 응용문제 익히기

응용문제를 기본 수준부터 단계별로 풀어 보면서 문제해결력을 기릅니다.

6 단원평가

수준별로 구성된 2회의 단원평가로 실력을 점검하고 학교시험에 대비합니다.

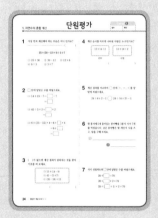

스스로 실전문제 익히기

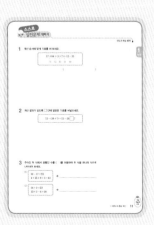

스스로 응용문제 익히기

학교시험대비 단원평가

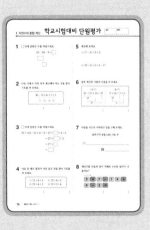

차례

1 자연수의 혼합 계산

출발~.

이번 에 배울 내용

• 덧셈, 뺄셈이 섞여 있는 식 계산하기

• 곱셈, 나눗셈이 섞여 있는 식 계산하기

• 덧셈, 뺄셈, 곱셈이 섞여 있는 식 계산하기

• 덧셈, 뺄셈, 나눗셈이 섞여 있는 식 계산하기

• 덧셈, 뺄셈, 곱셈, 나눗셈이 섞여 있는 식 계산하기

다음 에 배울 내용

• [중등] 정수와 유리수의 덧셈과 뺄셈

• [중등] 정수와 유리수의 곱셈과 나눗셈

• [중등] 정수와 유리수의 혼합 계산

1 덧셈, 뺄셈이 섞여 있는 식 계산하기

두 개의 식을 하나의 식으로 만들면 혼합 계산식을 만들 수 있습니다.
혼합 계산은 두 식의 계산을 연달아 하는 것과 같습니다.

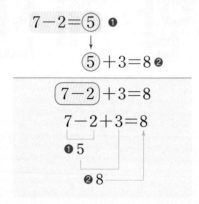

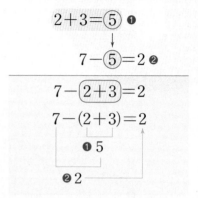

덧셈, 뺄셈이 섞여 있는 식은 앞에서부터 차례로 계산합니다.

( )가 있는 식은 ( ) 안을 먼저 계산해야 두 식을 연달아 계산한 결과와 같습니다.

( )는 계산 순서를 정해줍니다.
따라서 두 식을 하나의 식으로 만드는 방법에 따라 ( )를 사용하여 순서에 맞게 계산합니다.

( ) ⟶ +, −는 앞에서부터 차례로

1 두 식의 공통인 수를 이용하여 하나의 식으로 만든 것입니다. 순서에 맞게 계산해 보세요.

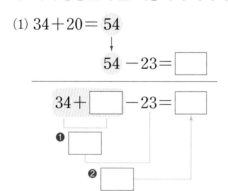

(1) $34+20=54$
$54-23=\boxed{}$
$34+\boxed{}-23=\boxed{}$
❶ $\boxed{}$
❷ $\boxed{}$

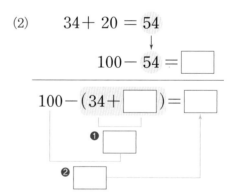

(2) $34+20=54$
$100-54=\boxed{}$
$100-(34+\boxed{})=\boxed{}$
❶ $\boxed{}$
❷ $\boxed{}$

2 보기 와 같이 먼저 계산해야 하는 부분에 ◯표 하고, 계산해 보세요.

보기
$\boxed{6-2}+5$

(1) $25-13+8$

(2) $25-(13+8)$

1

1 ·보기·와 같이 계산 순서를 나타내고, 계산 순서에 맞게 계산해 보세요.

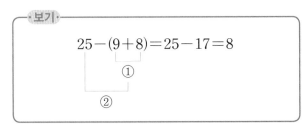

·보기·
$$25-(9+8)=25-17=8$$

(1) $14+(8-3)$

(2) $54-26+13$

(3) $67-(19+24)$

2 다음을 계산하여 ☐ 안에 알맞은 수를 써넣으세요.

(1) $73+27=$ ☐

　　$73+7+20=$ ☐

　　$73+30-3=$ ☐

(2) $50-25=$ ☐

　　$50-20-5=$ ☐

　　$50-(20+5)=$ ☐

3 계산 결과를 비교하여 ◯ 안에 >, =, <를 알맞게 써넣으세요.

(1) $53-16+27$ ◯ $53-(16+27)$

(2) $60-23-15$ ◯ $60-(23+15)$

(3) $38+16-13$ ◯ $38+(16-13)$

4 그림을 보고 ㉠을 구하는 식을 두 가지로 써 보세요.

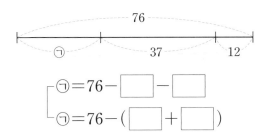

$㉠=76-$ ☐ $-$ ☐

$㉠=76-($ ☐ $+$ ☐ $)$

5 다음을 식으로 나타내고, 답을 구해 보세요.

69에서 29와 25의 합을 뺀 수

식 _____

답 _____

❷ 곱셈, 나눗셈이 섞여 있는 식 계산하기

두 개의 식을 하나의 식으로 만들면 혼합 계산식을 만들 수 있습니다.
혼합 계산은 두 식의 계산을 연달아 하는 것과 같습니다.

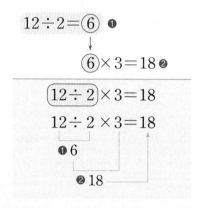

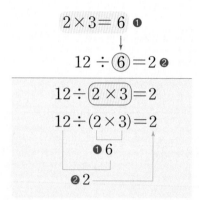

곱셈, 나눗셈이 섞여 있는 식은 앞에서부터
차례로 계산합니다.

( )가 있는 식은 ( ) 안을 먼저 계산해야
두 식을 연달아 계산한 결과와 같습니다.

( ) ⟶ ×, ÷는 앞에서부터 차례로

---

1 두 식의 공통인 수를 이용하여 하나의 식으로 만든 것입니다. 순서에 맞게 계산해 보세요.

(1) $45 \div 5 = 9$

$9 \times 3 = \boxed{}$

$45 \div \boxed{} \times 3 = \boxed{}$

❶ $\boxed{}$

❷ $\boxed{}$

(2) $5 \times 3 = 15$

$45 \div 15 = \boxed{}$

$45 \div (5 \times \boxed{}) = \boxed{}$

❶ $\boxed{}$

❷ $\boxed{}$

---

2 보기 와 같이 먼저 계산해야 하는 부분에 ◯표 하고, 계산해 보세요.

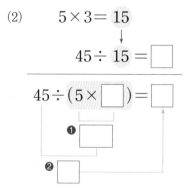

보기
$\boxed{9 \times 5} \div 3$

(1) $56 \div 7 \times 4$

(2) $56 \div (7 \times 4)$

1 보기와 같이 계산 순서를 나타내고, 순서에 맞게 계산해 보세요.

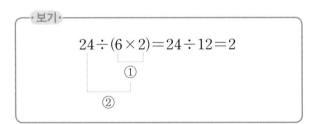

─ 보기 ─

$$24 \div (6 \times 2) = 24 \div 12 = 2$$

(1) $17 \times (6 \div 2)$

(2) $20 \times 3 \div 6$

(3) $56 \div (2 \times 4)$

2 다음을 계산하여 □ 안에 알맞은 수를 써넣으세요.

(1) $5 \times 12 = \boxed{}$

$5 \times 2 \times 6 = \boxed{}$

(2) $120 \div 8 = \boxed{}$

$120 \div 4 \div 2 = \boxed{}$

(3) $36 \times 5 = \boxed{}$

$6 \times 6 \times 5 = \boxed{}$

$5 \times 6 \times 6 = \boxed{}$

3 계산 결과를 비교하여 ◯ 안에 >, =, <를 알맞게 써넣으세요.

(1) $42 \div 7 \times 3$ ◯ $42 \div (7 \times 3)$

(2) $15 \times 5 \times 2$ ◯ $15 \times (5 \times 2)$

(3) $16 \div 2 \div 4$ ◯ $16 \div (2 \times 4)$

4 다혜는 한 봉지에 12개씩 들어 있는 사탕을 4봉지 사서 남김없이 3상자에 똑같이 나누어 담았습니다. 한 상자에 들어 있는 사탕은 몇 개인지 알아보세요.

(1) 다혜가 산 사탕은 모두 몇 개인지 식으로 나타내어 보세요.

$$\boxed{} \times \boxed{}$$

(2) 한 상자에 들어 있는 사탕은 몇 개인가요?

(   )

5 다음을 식으로 나타내고, 답을 구해 보세요.

$$96을 2와 8의 곱으로 나눈 수$$

 식 _____

답 _____

스스로 학습책 7쪽

③ 덧셈, 뺄셈, 곱셈이 섞여 있는 식 계산하기

○ 곱셈이 있는 식의 계산 순서

●×■는 ●을 ■번 더한 것이므로 $+$, $-$보다 $\times$를 먼저 계산합니다.

$15+4\times3$
↓
$15+4+4+4$

$\rightarrow$

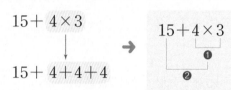

$15-4\times3$
↓
$15-4+4+4$

$\rightarrow$

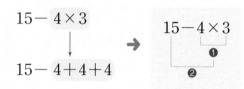

○ $+$, $-$, $\times$와 ( )가 있는 식의 계산 순서

수와 기호가 같아도 계산 순서가 다르면 결과가 달라집니다.

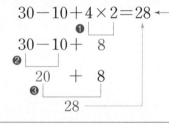

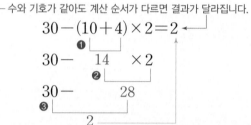

| 곱셈을 먼저 한 다음 앞에서부터 차례로 계산합니다. | ( ) 안을 가장 먼저 계산하고, 곱셈을 한 다음 앞에서부터 차례로 계산합니다. |

( ) $\longrightarrow$ $\times$ $\longrightarrow$ $+$, $-$는 앞에서부터 차례로

---

1 □ 안에 알맞은 수를 써넣으세요.

(1) $6+14=$ □

$6+2\times7=$ □

(2) $36-15=$ □

$4\times9-15=$ □

2 순서에 맞게 □ 안에 알맞은 수를 써넣어 계산해 보세요.

(1) $28+12-7\times3=$ □

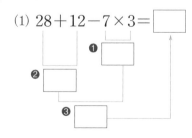

(2) $28+(12-7)\times3=$ □

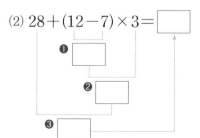

개념
확인하기

1
단원

1 가장 먼저 계산해야 하는 부분에 ○표 하세요.

(1) $27 + 10 - 6 \times 4$

(2) $15 \times (7 - 3) + 5$

2 보기와 같이 계산 순서를 나타내고, 순서에 맞게 계산해 보세요.

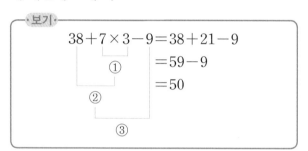

(1) $28 + (19 - 5) \times 2$

(2) $42 - 11 \times 3 + 3$

3 다음을 계산하여 □ 안에 알맞은 수를 써넣으세요.

(1) $14 + 32 = \boxed{}$

$14 + 16 \times 2 = \boxed{}$

$14 + (20 - 4) \times 2 = \boxed{}$

(2) $14 + 12 - 10 = \boxed{}$

$2 \times 7 + 12 - 10 = \boxed{}$

$2 \times 7 + 12 - 2 \times 5 = \boxed{}$

4 계산 결과를 비교하여 ○ 안에 >, =, <를 알맞게 써넣으세요.

(1) $76 - 6 + 3 \times 4 \bigcirc 76 - (6 + 3) \times 4$

(2) $38 - 9 \times 3 + 5 \bigcirc (38 - 9) \times 3 + 5$

5 계산해 보세요.

(1) $(10 + 7) \times 5$

$10 \times 5 + 7 \times 5$

(2) $(21 - 9) \times 3$

$21 \times 3 - 9 \times 3$

6 1000원으로 100원짜리 딱지와 200원짜리 구슬을 각각 2개씩 사고 남은 금액을 알아보려고 합니다. 물음에 답하세요.

(1) 딱지와 구슬을 산 금액을 식으로 나타내어 보세요.

$(100 + \boxed{}) \times \boxed{}$

(2) 남은 금액은 얼마인지 하나의 식으로 나타내어 구해 보세요.

식 _____

답 _____

스스로
학습책
8쪽

④ 덧셈, 뺄셈, 나눗셈이 섞여 있는 식 계산하기

○ 나눗셈이 있는 식의 계산 순서

● ÷ ▨의 몫은 ●가 0이 될 때까지 ▨를 뺀 횟수이므로 ＋, ― 보다 ÷를 먼저 계산합니다.

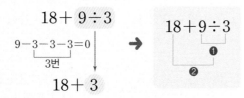

$$18 + 9 \div 3$$
$$9-3-3-3=0$$
3번
$$18 + 3$$

→ $18 + 9 \div 3$ ❶❷

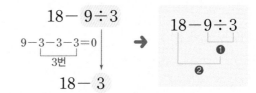

$$18 - 9 \div 3$$
$$9-3-3-3=0$$
3번
$$18 - 3$$

→ $18 - 9 \div 3$ ❶❷

○ ( )가 있는 식의 계산 순서

$$20 + 16 - 8 \div 2 = 32$$
❶
$$20 + 16 - \quad 4$$
❷
$$36 \quad - \quad 4$$
❸
$$32$$

나눗셈을 먼저 한 다음 앞에서부터 차례로 계산합니다.

$$20 + (16 - 8) \div 2 = 24$$
❶
$$20 + \quad 8 \quad \div 2$$
❷
$$20 + \quad 4$$
❸
$$24$$

( ) 안을 가장 먼저 계산하고, 나눗셈을 한 다음 앞에서부터 차례로 계산합니다.

( ) ⟶ ÷ ⟶ ＋, ― 는 앞에서부터 차례로

1 ☐ 안에 알맞은 수를 써넣으세요.

(1) $10 + 3 = $ ☐

$10 + 6 \div 2 = $ ☐

(2) $20 - 6 = $ ☐

$40 \div 2 - 6 = $ ☐

2 순서에 맞게 ☐ 안에 알맞은 수를 써넣어 계산해 보세요.

(1) $21 - 14 \div 7 + 11 = $ ☐

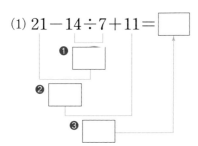

(2) $(21 - 14) \div 7 + 11 = $ ☐

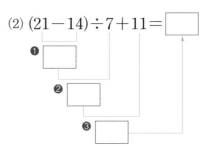

1 가장 먼저 계산해야 하는 부분에 ◯표 하세요.

(1) $45-10 \div 2+7$

(2) $5+16 \div (27-19)$

2 ·보기·와 같이 계산 순서를 나타내고, 순서에 맞게 계산해 보세요.

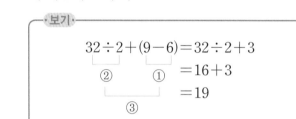

(1) $15-(11+5) \div 2$

(2) $16-12 \div 3+3$

3 다음을 계산하여 ☐ 안에 알맞은 수를 써넣으세요.

(1) $16+12=$ ☐
$16+48 \div 4=$ ☐
$16+(50-2) \div 4=$ ☐

(2) $12+13-6=$ ☐
$36 \div 3+13-6=$ ☐
$36 \div 3+13-12 \div 2=$ ☐

4 계산 결과를 비교하여 ◯ 안에 >, =, <를 알맞게 써넣으세요.

(1) $63-49 \div 7+9$ ◯ $(63-49) \div 7+9$

(2) $72 \div 8+4-5$ ◯ $72 \div (8+4)-5$

5 계산해 보세요.

(1) $(30+15) \div 5$
$30 \div 5+15 \div 5$

(2) $(28-4) \div 4$
$28 \div 4-4 \div 4$

6 남학생 12명은 4명씩, 여학생 15명은 5명씩 한 모둠을 만들었습니다. 모두 몇 모둠이 되는지 알아보세요.

(1) 남학생과 여학생은 각각 몇 모둠이 되는지 식으로 나타내어 보세요.

남학생: $12 \div$ ☐ , 여학생: ☐ $\div$ ☐

(2) 모두 몇 모둠이 되는지 하나의 식으로 나타내어 구해 보세요.

식 _____

답 _____

⑤ 덧셈, 뺄셈, 곱셈, 나눗셈이 섞여 있는 식 계산하기

○ 덧셈, 뺄셈, 곱셈, 나눗셈이 있는 식의 계산 순서

$$3 \times 5 - 32 \div 4 + 12 = 19$$

❶ 15   ❷ 8
❸ 7
❹ 19

곱셈, 나눗셈을 먼저 한 다음 앞에서부터 차례로 계산합니다.

곱셈, 나눗셈을 먼저 한 다음에는 반드시 앞에서부터 차례로 계산해야 합니다.

$$3 \times 5 - 32 \div 4 + 12$$

15   8
20
15 - 20

○ $+$, $-$, $\times$, $\div$와 ( )가 있는 식의 계산 순서

$$3 \times 5 - 32 \div (4 + 12) = 13$$

❶ 16
❷ 15   ❸ 2
❹ 13

( ) 안을 가장 먼저 계산하고, 곱셈과 나눗셈을 한 다음 앞에서부터 차례로 계산합니다.

( ) ────→ ×, ÷ ────→ +, ―는 앞에서부터 차례로

1 ☐ 안에 알맞은 수를 써넣어 순서에 맞게 계산해 보세요.

(1) $50 \div 2 - 8 \times 3 + 9$

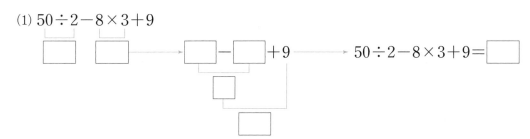

☐ ☐ → ☐ ― ☐ + 9 → $50 \div 2 - 8 \times 3 + 9 =$ ☐
☐
☐

(2) $25 - (16 - 9) \times 3 + 7$

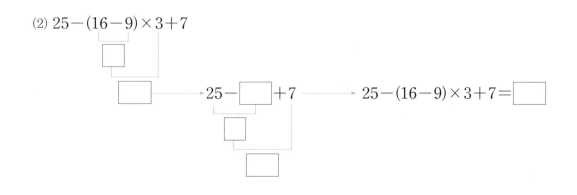

☐
☐ → 25 ― ☐ + 7 → $25 - (16 - 9) \times 3 + 7 =$ ☐
☐
☐

1 계산 순서에 맞게 기호를 써 보세요.

$$18 \div 3 - 2 \times 2 + 9$$
$$\uparrow \quad \uparrow \quad \uparrow \quad \uparrow$$
$$ⓐ \quad ⓑ \quad ⓒ \quad ⓓ$$

(   )

2 계산해 보세요.

(1) $33 - 3 \times 8 \div 6 + 9$

(2) $42 \div (6 + 8) \times 9 - 17$

3 계산 순서가 틀린 것을 모두 찾아 ×표 하세요.

$$18 - 9 \div (3 + 6) \times 7$$

(   )

$$18 - 9 \div (3 + 6) \times 7$$

(   )

$$18 - 9 \div (3 + 6) \times 7$$

(   )

4 처음 잘못 계산한 부분을 찾아 ◯표 하고, 바르게 계산해 보세요.

$$
\begin{aligned}
30 + (35 - 17) \div 6 \times 2 &= 30 + 18 \div 6 \times 2 \\
&= 48 \div 6 \times 2 \\
&= 8 \times 2 \\
&= 16
\end{aligned}
$$

↓

$$30 + (35 - 17) \div 6 \times 2$$

5 경민이는 한 상자에 26장씩 들어 있는 색종이를 5상자 사서 동생과 똑같이 나누어 가진 후 12장을 사용했습니다. 경민이가 사용하고 남은 색종이는 몇 장인지 알아보세요.

(1) 경민이가 산 색종이는 모두 몇 장인지 식으로 나타내어 보세요.

$$26 \times \boxed{}$$

(2) 동생이 갖게 되는 색종이는 몇 장인지 식으로 나타내어 보세요.

$$26 \times \boxed{} \div \boxed{}$$

(3) 경민이가 사용하고 남은 색종이는 몇 장인지 하나의 식으로 나타내어 구해 보세요.

식 _____

답 _____

스스로
학습책
10쪽

1. 자연수의 혼합 계산 | **17**

1 계산 순서에 맞게 기호를 써 보세요.

$$95-(16+5)\times3\div7+48$$
$$\uparrow\uparrow\uparrow\uparrow\uparrow$$
$$\text{㉠}\text{㉡}\text{㉢}\text{㉣}\text{㉤}$$

(   )

2 계산 결과가 같도록 □ 안에 알맞은 기호를 써넣으세요.

$$43-(19+4)=43-19\;\boxed{}\;4$$

3 주어진 두 식에서 공통인 수를 ( )를 이용하여 하나의 식으로 나타내어 보세요.

(1) $30\div3=10$
$7\times10-21=49$ → _____

(2) $21+4=25$
$25\times3\div15=5$ → _____

4 ☐ 안에 알맞은 수를 써넣고, 계산해 보세요.

(1) $(25+11) \times 4 = 25 \times 4 + 11 \times$ ☐

$= $ ☐ $+ 44$

$= $ ☐

(2) $5 \times 98 = 5 \times ($ ☐ $-2)$

$= 5 \times$ ☐ $- 5 \times 2$

$= $ ☐ $- $ ☐

$= $ ☐

개념 PLUS

$(3+4) \times 2 = 7 \times 2 = 14$

$3 \times 2 + 4 \times 2 = 6 + 8 = 14$

→ $(3+4) \times 2 = 3 \times 2 + 4 \times 2$

3과 4의 합에 2를 곱한 값은
3과 4 각각에 2를 곱하여 합한 값과
같습니다.

개념 연결

자연수 a, b, c의 덧셈과 곱셈에서
$(a+b) \times c = a \times c + b \times c$
$(a-b) \times c = a \times c - b \times c$
가 성립하는 것을 분배법칙이라고 합
니다.

5 사탕은 150원, 초콜릿은 100원입니다. 다음을 구하는 식을 찾아 기호를
써 보세요.

> ㉠ $1000 \div (150 - 100)$ ㉡ $150 \times 6 \div 100$
>
> ㉢ $150 + 100 \times 6$ ㉣ $1000 - (150 + 100)$
>
> ㉤ $1000 \div (150 + 100)$ ㉥ $(150 + 100) \times 6$

(1) 사탕 1개와 초콜릿 1개를 사고 1000원을 냈을 때 거스름돈

( )

(2) 사탕과 초콜릿을 6개씩 살 때 필요한 금액

( )

(3) 사탕 6개만큼의 금액으로 살 수 있는 초콜릿의 개수

( )

(4) 한 상자에 사탕 1개, 초콜릿 1개가 포장되어 있을 때, 1000원으
로 살 수 있는 상자의 개수

( )

6 계산 결과에 맞게 ☐ 안에 알맞은 기호를 써넣으세요.

(1) 64 ☐ 8 ☐ $5 = 13$ (2) 1000 ☐ 100 ☐ $10 = 0$

7 ㉠ 식의 ☐ 안에 알맞은 수를 써넣고, ㉡ 식이 성립하도록 ( )로 알맞게 묶어 보세요.

$$㉠ \ 9+☐-5=6$$
$$㉡ \ 9+24÷4×3-5=6$$

8 ☐에 알맞은 수를 구하려고 합니다. 물음에 답하세요.

$$(☐-14)×6=72$$

(1) 위 식에서 ☐−14를 ●로 나타내고, ●를 구해 보세요.

식 _____ ● =(   )

(2) ☐에 알맞은 수는 얼마인가요?

(   )

9 민휘네 어머니께서 닭볶음탕 4인분을 만들려고 합니다. 9000원으로 필요한 재료를 사고 남은 돈은 얼마인지 하나의 식으로 나타내어 구해 보세요.

감자(4인분)
2800원

양파(8인분)
4800원

당근(1인분)
500원

식 _____

답 _____

10 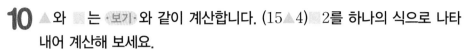 와 ▨ 는 ·보기·와 같이 계산합니다. (15▲4)▨2를 하나의 식으로 나타내어 계산해 보세요.

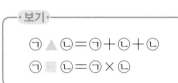

㉠ ▲ ㉡ = ㉠ + ㉡ + ㉡

㉠ ▨ ㉡ = ㉠ × ㉡

식 _____

답 _____

[11~12] 지구에서 잰 무게는 달에서 잰 무게의 약 6배입니다. 세 사람이 모두 달에서 잰 몸무게의 합은 몇 kg인지 구하려고 합니다. 물음에 답하세요.

달에서 잰 몸무게	
선생님	14 kg

지구에서 잰 몸무게	
채아	42 kg
준하	48 kg

11 지구에서 몸무게가 ●kg인 사람이 달에서 잰 몸무게는 약 몇 kg 인지 식으로 나타내어 보세요.

식 _____

서술형

12 세 사람이 달에서 잰 몸무게의 합은 약 몇 kg인지 하나의 식으로 나타내어 구하려고 합니다. 풀이 과정을 쓰고, 답을 구해 보세요.

풀이 _____

_____

_____

답 _____

1 수 카드로 조건에 맞는 식 만들기

계산 과정을 생각하며 계산 결과를 예상해요.

★ 수 카드 1 , 3 , 4 중 두 장을 사용하여 아래와 같은 식을 만들려고 합니다. 만들 수 있는 식을 모두 쓰고, 계산 결과를 구해 보세요.

$$36 \div (\boxed{} \times \boxed{})$$

_____

_____

★★ 수 카드 2 , 3 , 6 을 한 번씩 사용하여 아래와 같은 식을 만들려고 합니다. 계산 결과가 가장 클 때의 식을 쓰고, 계산 결과를 구해 보세요.

$$48 \div (\boxed{} \times \boxed{}) + \boxed{}$$

식 _____

답 _____

2 규칙대로 계산하기

기호에 수를 넣고 규칙에 따라 계산해요.

★ 규칙에 따라 계산해 보세요.

가 ★ 나 = 가 × (가 + 나)

4 ★ 12 = 4 × (4 + 12)

4 ★ 12 = (   )

★★ | | 는 보기 와 같이 계산합니다. 다음을 계산해 보세요.

보기

$$\begin{vmatrix} ㉠ & ㉡ \\ ㉢ & ㉣ \end{vmatrix} = ㉠ \times ㉣ - ㉡ \times ㉢$$

$$\begin{vmatrix} 11 & 14 \\ 4 & 7 \end{vmatrix}$$ _____

3 식 세우기

문장을 수와 기호를 사용한 식으로 나타내요.

★ 다음을 식으로 나타내고 답을 구해 보세요.

6을 5배 한 수에서 7을 2배 한 수를 뺀 수

식 _____

답 _____

★★ 현재 기온은 25℃입니다. 현재 기온을 화씨로 나타내면 몇 도(℉)인지 구해 보세요.

 섭씨온도(℃)에 9를 곱한 수를 5로 나누고, 32를 더하면 화씨온도(℉)가 된단다.

식 _____

답 _____

1 단원

4 혼합 계산의 활용

여러 가지 식을 하나의 식으로 나타내요.

★ □ 안에 알맞은 수를 써넣으세요.

귤은 17개 있고 사과는 귤보다 8개 더 많습니다.

→ (사과의 수)=(귤의 수)+□

배의 수는 사과 수의 2배입니다.

→ (배의 수)=(사과의 수)×□

→ (배의 수)=((귤의 수)+□)×□

★
★ 민수는 14살이고, 동생은 민수보다 7살 어립니다. 어머니의 나이는 동생 나이의 6배보다 4살 더 많습니다. 어머니는 몇 살인지 하나의 식으로 나타내어 구해 보세요.

식 _____

답 _____

5 계산 결과를 보고 식 완성하기

덧셈과 뺄셈, 곱셈과 나눗셈의 관계를 이용해요.

★ 식이 성립하도록 ●, ◆에 알맞은 수를 구해 보세요.

$$6 \times (5 + \blacklozenge) = 42$$

❶ ●

❷ 42

● (   ), ◆ (   )

★
★ 식이 성립하도록 □ 안에 알맞은 수를 써넣으세요.

$$8 \times (3 + \square) - 11 = 45$$

6 계산 결과가 되도록 식에 ( ) 넣기

계산 순서를 생각하여 ( )로 묶어요.

★ $8 \times 9 - 2 = 70$일 때, 식이 성립하도록 ( )로 묶어 보세요.

$$8 \times 27 \div 9 + 6 - 2 = 70$$

★
★ 식이 성립하도록 ( )로 묶어 보세요.

$$7 \times 4 - 10 + 30 \div 2 = 8$$

스스로
학습책
15쪽

1. 자연수의 혼합 계산 | **23**

1 가장 먼저 계산해야 하는 부분은 어디인가요?
....(　)

$$25+(30-12)\times6\div3+7$$

① $25+30$　② $30-12$　③ 12×6
④ $6\div3$　⑤ $3+7$

2 □ 안에 알맞은 수를 써넣으세요.

(1) $14+19-7=\boxed{}-7$

$=\boxed{}$

(2) $45\div3\times2=\boxed{}\times2$

$=\boxed{}$

(3) $6+(23-15)\times4=6+\boxed{}\times4$

$=6+\boxed{}$

$=\boxed{}$

3 ( )가 없으면 계산 결과가 달라지는 것을 찾아 기호를 써 보세요.

ⓐ $13+(14-9)$
ⓑ $41-(5+7)$
ⓒ $(35-18)+12$

(　)

4 계산 순서를 바르게 나타낸 사람은 누구인가요?

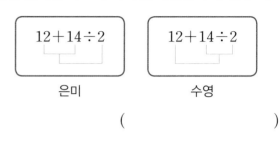

은미　　　수영

(　)

5 계산 결과를 비교하여 ○ 안에 $>$, $=$, $<$를 알맞게 써넣으세요.

$$24\div4+2-1 \bigcirc 24\div(4+2)-1$$

6 한 봉지에 5개씩 들어 있는 붕어빵을 3봉지 사서 7개를 먹었습니다. 남은 붕어빵은 몇 개인지 식을 쓰고, 답을 구해 보세요.

식 _____

답 _____

7 식이 성립하도록 □ 안에 알맞은 수를 써넣으세요.

$28+\boxed{}=70$

$28+\boxed{}\times2=70$

$28+(\boxed{}+1)\times2=70$

8 계산기를 다음과 같이 차례로 누르면 얼마가 나오는지 구해 보세요.

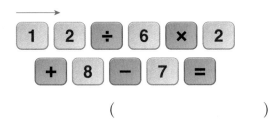

(   )

9 두 식을 하나의 식으로 나타내어 보세요.

> • 24÷4=6
> • 14+6=20

식 _____

10 다음을 식으로 나타내고, 답을 구해 보세요.

> 4와 6의 합에 3을 곱한 후
> 22를 2로 나눈 몫을 뺀 수

식 _____

답 _____

11 어항 6개에 노란 금붕어 42마리와 빨간 금붕어 18마리를 똑같이 나누어 담았습니다. 어항 한 개에 들어 있는 금붕어는 몇 마리인가요?

(   )

12 식이 성립하도록 (   )로 묶어야 할 곳을 찾아 기호를 써 보세요.

$$8 \times 6 - 3 \times 2 + 2 = 50$$

> ㉠ 8×6   ㉡ 6−3
> ㉢ 3×2   ㉣ 2+2

(   )

13 명준이는 10일 동안 매일 65분씩 책을 읽었고, 경아는 10일 중 2일은 쉬고 나머지 날은 매일 80분씩 책을 읽었습니다. 10일 동안 명준이가 경아보다 몇 분 더 많이 책을 읽었는지 하나의 식으로 나타내어 구해 보세요.

식 _____

답 _____

14 ㉠■㉡=㉠×㉠−㉡×㉡입니다. 다음을 계산해 보세요.

$$8 \; \blacksquare \; 7$$

(   )

15 식을 ( )로 묶어서 서로 다른 두 값을 만들어 보세요.

$$7 + 3 \times 4 + 2 = \boxed{}$$
$$7 + 3 \times 4 + 2 = \boxed{}$$

16 그림과 같이 바둑돌을 늘어놓았습니다. 9번째에 놓아야 할 바둑돌은 몇 개인지 식으로 나타내어 구해 보세요.

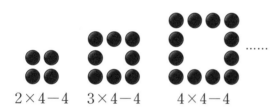

$2 \times 4 - 4 \qquad 3 \times 4 - 4 \qquad 4 \times 4 - 4$

식 _____

답 _____

17 식이 성립하도록 □ 안에 알맞은 수를 써넣으세요.

$$13 - 2 \times \boxed{} + 6 = 15$$

18 식이 성립하도록 ○ 안에 +, −, ×, ÷ 중에서 알맞은 기호를 써넣으세요.

$$7 \bigcirc (8 \bigcirc 3) \bigcirc 5 = 40$$

19 계산이 잘못된 부분을 찾아 이유를 쓰고, 바르게 계산해 보세요.

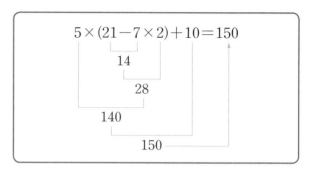

바르게 계산하기

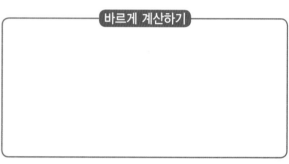

이유 _____

_____

20 길이가 96 cm인 테이프를 4등분 한 것 중의 한 도막과 길이가 87 cm인 테이프를 3등분 한 것 중의 한 도막을 5 cm만큼 겹치도록 이어 붙였습니다. 이어 붙인 테이프의 전체 길이는 몇 cm인지 하나의 식으로 나타내어 구하려고 합니다. 풀이 과정을 쓰고, 답을 구해 보세요.

5 cm

풀이 _____

_____

_____

답 _____

단원평가

1 계산 순서에 맞게 기호를 써 보세요.

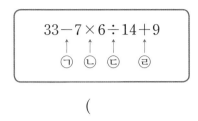

$$33-7\times6\div14+9$$

（　　　　　　）

2 □ 안에 알맞은 수를 써넣으세요.

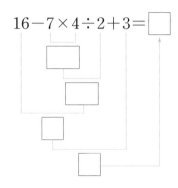

$$16-7\times4\div2+3=\boxed{}$$

3 앞에서부터 차례로 계산해야 하는 식을 찾아 기호를 써 보세요.

┌─────────────────┐
㉠ $8\times(11-5)+3$
㉡ $(7\times5-17)\div3$
└─────────────────┘

（　　　　　　）

4 계산해 보세요.

(1) $120-(15-7)\times2$

(2) $13+(74-11)\div9$

5 ·보기·와 같이 계산해 보세요.

┌─── 보기 ───┐
$(25+3)\times4=25\times4+3\times4$
　　　　　　$=100+12$
　　　　　　$=112$
└──────────┘

(1) $(30+9)\times5$

(2) $(50+11)\times7$

6 계산 결과가 서로 같은 두 식을 고르세요.
.... （　　　　　）

① $16-2\times(4+3)$
② $16-2\times4+3$
③ $(16-2)\times4+3$
④ $(16-2)\times(4+3)$
⑤ $16-(2\times4)+3$

7 은지와 영호가 다음과 같이 주어진 식을 (　)로 묶어 계산하였습니다. 계산 결과가 더 큰 값이 되는 사람은 누구인가요?

$$64\div8+24+4\div2$$

┌──────────────────────┐
· 은지: $64\div(8+24)+4\div2$
· 영호: $64\div8+(24+4)\div2$
└──────────────────────┘

（　　　　　　）

8 식을 바르게 설명한 사람은 누구인가요?

$$(64+36) \div 4 - 7$$

36을 4로 나눈 다음 64를 더하고 7을 뺐어.

민우

 채아

64에 36을 더한 수를 4로 나눈 다음 7을 뺐어.

(   )

9 문제에 알맞은 식은 어느 것인가요? (   )

파란색 클립이 7개씩 들어 있는 박스가 4개, 초록색 클립이 6개씩 들어 있는 박스가 5개 있습니다. 클립은 모두 몇 개 있나요?

① $(7+4) \times (6+5)$ ② $7 \times (4+6) \times 5$
③ $7 \times 4 \times 6 \times 5$ ④ $7 \times 4 + 6 \times 5$
⑤ $7 \times (4+6 \times 5)$

10 두 식을 계산한 다음 (   )를 사용하여 하나의 식으로 나타내어 보세요.

ㄱ $7 \times 3 + 4 = \boxed{}$

ㄴ $11 - 40 \div 5 = \boxed{}$

식 _____

11 4분에 24 L의 온수가 나오는 수도꼭지와 2분에 18 L의 냉수가 나오는 수도꼭지를 동시에 틀어 1분 동안 물을 받았습니다. 1분 동안 받은 물의 양은 모두 몇 L인가요?

(   )

12 민주는 문구점에서 3개에 900원인 지우개 4개와 5개에 1000원인 자석 15개를 사고 5000원을 냈습니다. 민정이가 받을 거스름돈은 얼마인지 하나의 식으로 나타내어 구해 보세요.

식 _____

답 _____

13 ㉠●㉡=(㉠+㉡)÷2입니다. 다음을 계산해 보세요.

$$(12 \bullet 4) \bullet 24$$

(   )

14 식이 성립하도록 ☐ 안에 알맞은 수를 써넣으세요.

$$\boxed{} + 3 \times 4 - 2 = 70$$

15 친구들이 도화지에 그린 그림 8장을 다음과 같이 게시판에 붙이려고 합니다. 누름 못은 몇 개 필요한지 하나의 식으로 나타내어 구해 보세요.

식 _____

답 _____

16 ○ 안에 +, −, ×, ÷를 넣어서 서로 다른 두 값을 만들어 보세요.

$4 \times 6 \bigcirc 3 + 7 =$ ☐

$4 \times 6 \bigcirc 3 + 7 =$ ☐

17 오늘 소영이는 동화책을 오전에 19쪽, 오후에 21쪽을 읽었고 미소는 소영이가 오늘 읽은 쪽수의 2배보다 11쪽 적게 읽었습니다. 오늘 미소는 동화책을 몇 쪽 읽었는지 하나의 식으로 나타내어 구해 보세요.

식 _____

답 _____

18 식 $5000 - 900 \times 5$를 이용하는 문제를 만들고, 풀어 보세요.

문제 _____
_____

답 _____

19 서울에서 광주까지의 거리는 295 km입니다. 한 시간에 80 km를 가는 자동차로 서울을 출발하여 광주에 가려고 합니다. 3시간을 갔다면 남은 거리는 얼마인지 풀이 과정을 쓰고, 답을 구해 보세요.

풀이 _____
_____
_____
_____

답 _____

20 어떤 수에 3을 곱한 후 8을 **빼야** 하는데 잘못하여 3을 더한 후 8로 나누었더니 2가 되었습니다. 바르게 계산하면 얼마인지 풀이 과정을 쓰고, 답을 구해 보세요.

풀이 _____
_____
_____
_____

바르게 계산한 값 _____

쉬어가기

시작은 어디일까?

색칠된 칸에서 출발하여 숫자만큼 화살표 방향으로 이동할 수 있습니다. 황금 열쇠를 찾으려면 어디부터 시작하면 좋을까요?

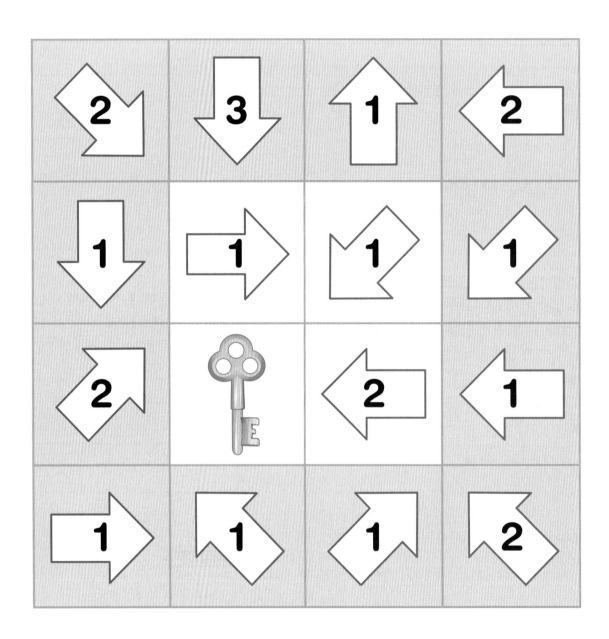

2 약수와 배수

출발~.

이번 에 배울 내용

- 약수와 배수 알아보기
- 약수와 배수의 관계 알아보기
- 공약수와 최대공약수 알아보기
- 최대공약수 구하는 방법 알아보기
- 공배수와 최소공배수 알아보기
- 최소공배수 구하는 방법 알아보기

다음 에 배울 내용

1 약수와 배수 알아보기

◉ 약수

어떤 수를 나누어떨어지게 하는 수를 그 수의 약수라고 합니다.

$6 \div 1 = 6$
$6 \div 2 = 3$
$6 \div 3 = 2$
$6 \div 4 = 1 \cdots 2$
$6 \div 5 = 1 \cdots 1$
$6 \div 6 = 1$

$\rightarrow 6 \div \begin{cases} 1 = 6 \\ 2 = 3 \\ 3 = 2 \end{cases}$

1, 2, 3……으로 차례로 나누면 빠짐없이 약수를 찾을 수 있습니다.

→ 6의 약수: 1, 2, 3, 6

◉ 배수

어떤 수를 1배, 2배, 3배……한 수를 그 수의 배수라고 합니다.

6의 1배 → $6 \times 1 = 6$
6의 2배 → $6 \times 2 = 12$
6의 3배 → $6 \times 3 = 18$
6의 4배 → $6 \times 4 = 24$

→ 6의 배수: 6, 12, 18, 24……

6의 약수 ← → 6의 배수

| 1 | 2 | 3 | 6 | 12 | 18 | 24 | …… |

• 1은 모든 수의 약수입니다.
• 약수 중 가장 작은 수는 1입니다.
• 약수 중 가장 큰 수는 자기 자신입니다.

• 배수 중 가장 작은 수는 자기 자신입니다.
• 배수는 무수히 많습니다.

1 나눗셈을 보고 8의 약수를 모두 구해 보세요.

$8 \div 1 = 8$　　$8 \div 2 = 4$　　$8 \div 3 = 2 \cdots 2$
$8 \div 4 = 2$　　$8 \div 5 = 1 \cdots 3$　　$8 \div 6 = 1 \cdots 2$
$8 \div 7 = 1 \cdots 1$　　$8 \div 8 = 1$

8의 약수 → ＿＿＿＿＿＿＿＿＿＿＿＿＿＿＿

2 곱셈을 보고 수직선 위의 3의 배수에 ○표, 6의 배수에 △표 하세요.

3×1　　3×2　　3×3　　3×4　　3×5　　3×6
6×1　　　　　　　6×2　　　　　　　6×3

0　1　2　3　4　5　6　7　8　9　10　11　12　13　14　15　16　17　18　19

1 ☐ 안에 알맞은 수를 써넣고, 10의 약수를 구해 보세요.

$$10 \div \boxed{} = 10 \qquad 10 \div \boxed{} = 5$$
$$10 \div \boxed{} = 2 \qquad 10 \div \boxed{} = 1$$

10의 약수 → _____

2 곱해서 12가 되는 두 수를 선으로 잇고, 12의 약수를 구해 보세요.

1   2   3   4   5   6   7   8   9   10   11   12

12의 약수 → _____

3 ☐ 안에 알맞은 수를 써넣고, 24의 약수를 구해 보세요.

$$1 \times \boxed{} = 24$$
$$2 \times \boxed{} = 24$$
$$3 \times \boxed{} = 24$$
$$4 \times \boxed{} = 24$$

24의 약수 → _____

4 배수를 가장 작은 수부터 5개 써 보세요.

(1) 4의 배수

→ ☐, ☐, ☐, ☐, ☐

(2) 10의 배수

→ ☐, ☐, ☐, ☐, ☐

5 수 배열표를 보고 5의 배수에는 ◯표, 8의 배수에는 △표 하세요.

21	22	23	24	25	26	27	28
29	30	31	32	33	34	35	36
37	38	39	40	41	42	43	44
45	46	47	48	49	50	51	52
53	54	55	56	57	58	59	60

6 어떤 수의 배수를 가장 작은 수부터 차례로 쓴 것입니다. ☐ 안에 알맞은 수를 써넣으세요.

7, 14, 21, ☐, 35, 42, ☐, 56……

② 약수와 배수의 관계 알아보기

● 나눗셈과 곱셈으로 알아보기

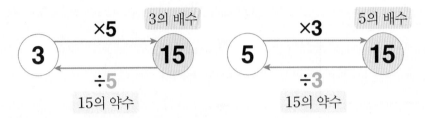

→ 약수와 배수의 관계는 나눗셈과 곱셈의 관계입니다.

● 수를 곱셈식으로 나타내어 알아보기

수를 가장 작은 약수부터 차례로 나누어 보면 곱으로 나타낼 수 있습니다.

$$1\,)\,\underline{15}$$
$$3\,)\,\underline{15} \rightarrow 15 = 1 \times 15$$
$$5 \rightarrow 15 = 3 \times 5$$

수를 더 이상 나눌 수 없을 때까지 계속 나누어야 하므로 나눗셈의 세로셈을 바꾸어 나타냅니다.

$$\begin{array}{r} 6 \\ 2\,)\,\overline{12} \end{array} \rightarrow \begin{array}{r} 2\,)\,12 \\ 2\,)\,6 \\ \hline 3 \end{array}$$

15 = 1 × 15 → 1, 15는 15의 약수, 15는 1, 15의 배수
15 = 3 × 5 → 3, 5는 15의 약수, 15는 3, 5의 배수

---

1 14의 약수와 배수를 알아 보려고 합니다. 물음에 답하세요.

$$1 \times 14 = 14 \quad \rightarrow \quad 14 \div \boxed{} = 1$$
$$2 \times 7 = 14 \quad \rightarrow \quad 14 \div \boxed{} = 2$$

(1) □ 안에 알맞은 수를 써넣으세요.

(2) 14는 어떤 수의 배수인지 모두 쓰세요.
(   )

(3) 14의 약수를 모두 쓰세요.
(   )

약수와 배수의 관계

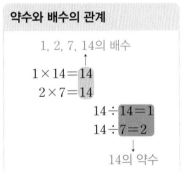

1, 2, 7, 14의 배수
↑
1 × 14 = 14
2 × 7 = 14

14 ÷ 14 = 1
14 ÷ 7 = 2
↓
14의 약수

1 □ 안에 알맞은 수를 써넣으세요.

2와 5는 □의 약수

$2 \times 5 = 10$

10은 2와 □의 배수

2 식을 보고 □ 안에 '약수'와 '배수'를 알맞게 써넣으세요.

$$5 \times 7 = 35$$

(1) 35는 5와 7의 □ 입니다.

(2) 5와 7은 35의 □ 입니다.

3 12를 여러 수의 곱으로 나타내어 약수와 배수의 관계를 알아보려고 합니다. □ 안에 알맞은 수를 써넣으세요.

$12 = 1 \times 12$ $12 = 4 \times$ □

$12 = 2 \times$ □ $12 = $ □ $\times 2 \times 3$

(1) 12는 □, □, □, □, □, □ 의 배수입니다.

(2) □, □, □, □, □, □ 은/는 12의 약수입니다.

4 20을 두 수의 곱으로 나타내고, 약수와 배수의 관계를 써 보세요.

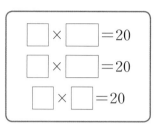

20은 ＿＿＿＿＿＿＿＿＿ 의 배수이고,

＿＿＿＿＿＿＿＿＿ 은/는 20의 약수입니다.

5 두 수가 약수와 배수의 관계인 것에 ○표, 아닌 것에 ✕표 하세요.

(1)
7	34

( )

(2)
8	72

( )

(3)
24	4

( )

(4)
38	6

( )

6 왼쪽 수가 오른쪽 수의 약수가 되도록 빈 곳에 1 이외의 알맞은 수를 써넣으세요.

(1)
	15

(2)
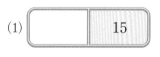

(3)

1 다음은 어떤 수의 약수를 모두 늘어놓은 것입니다. 어떤 수를 구해 보세요.

1, 2, 3, 5, 6, 10, 15, 30

(   )

2 다음 중 약수의 개수가 2개뿐인 수를 모두 찾아 ◯표 하세요.

7	15	19	23	35	46

> **개념 연결**
>
> 약수가 1과 자기 자신뿐인 수를 소수(素數)라고 합니다.

3 15보다 크고 32보다 작은 6의 배수를 모두 찾아 ◯표 하세요.

12	20	30	18	36	24

> **개념 PLUS**
>
> • 2의 배수: 일의 자리가 0 또는 짝수
> • 3의 배수: 각 자리 숫자의 합의 3의 배수
> • 4의 배수: 마지막 두 자리의 수가 00이거나 4의 배수
> • 5의 배수: 일의 자리 숫자가 0, 5
> • 6의 배수: 2의 배수이고 3의 배수
>   ⋮

4 다음 관계를 식으로 나타낸 것입니다. ☐ 안에 알맞은 수를 써넣으세요.

> 3은 21의 약수이고
> 21은 3의 배수입니다.

$$21 = \boxed{} \times \boxed{}$$

5 약수와 배수에 관한 설명 중 잘못된 것은 어느 것인가요?   (   )

① 약수에는 자기 자신이 항상 포함됩니다.
② 배수에는 자기 자신이 항상 포함됩니다.
③ 약수 중에서 가장 작은 수는 1입니다.
④ 배수 중에서 가장 작은 수는 자기 자신입니다.
⑤ 수가 클수록 약수의 개수가 많아집니다.

6 어떤 수의 배수를 가장 작은 수부터 차례로 쓴 것입니다. 12번째의 수를 구해 보세요.

> 7, 14, 21, 28, 35……

(   )

서술형
7 4가 220의 약수인지 아닌지 알아보고, 이유를 써 보세요.

답 _____

이유 _____

_____

_____

스스로
학습책
25쪽

③ 공약수와 최대공약수 알아보기

● 공약수

두 수의 약수 중 공통인 약수를 두 수의 공약수라고 합니다.

8의 약수	→	8을 나누어떨어지게 하는 수
12의 약수	→	12를 나누어떨어지게 하는 수
8과 12의 공약수	→	8과 12를 나누어떨어지게 하는 수

8의 약수 → | 1 | 2 | | 4 | | | 8 | | | |

12의 약수 → | 1 | 2 | 3 | 4 | | 6 | | | | | 12 |

8과 12의 공약수 → | 1 | 2 | | 4 | | | | | | |

● 최대공약수

두 수의 공약수 중 가장 큰 수를 두 수의 최대공약수라고 합니다.

→ 8과 12의 공약수는 1, 2, 4이고, 최대공약수는 4입니다.

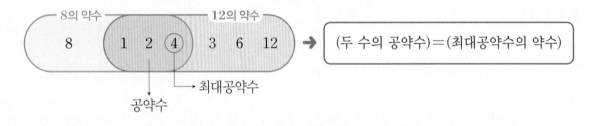

(두 수의 공약수)=(최대공약수의 약수)

1 12와 18의 공약수와 최대공약수를 알아보려고 합니다. 물음에 답하세요.

(1) 주어진 두 수의 약수에 각각 색칠한 다음 공통인 약수에 색칠해 보세요.

12의 약수 → | 1 | 2 | 3 | 4 | 5 | 6 | 7 | 8 | 9 | 10 | 11 | 12 | 13 | 14 | 15 | 16 | 17 | 18 |

18의 약수 → | 1 | 2 | 3 | 4 | 5 | 6 | 7 | 8 | 9 | 10 | 11 | 12 | 13 | 14 | 15 | 16 | 17 | 18 |

12와 18의 공약수 → | 1 | 2 | 3 | 4 | 5 | 6 | 7 | 8 | 9 | 10 | 11 | 12 | 13 | 14 | 15 | 16 | 17 | 18 |

(2) 12와 18의 공약수와 최대공약수를 각각 써 보세요.

공약수: _____

최대공약수: _____

1 8과 20의 약수를 알맞게 써넣고, 두 수의 공약수와 최대공약수를 구해 보세요.

> 8의 약수: 1, 2, 4, 8
> 20의 약수: 1, 2, 4, 5, 10, 20

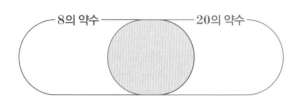

공약수: _____

최대공약수: _____

2 빈칸에 알맞은 수를 써넣으세요.

20의 약수	
30의 약수	
20과 30의 공약수	
20과 30의 최대공약수	

3 어떤 두 수의 최대공약수가 15일 때, 두 수의 공약수를 모두 구해 보세요.

공약수: ☐, ☐, ☐, ☐
↓
최대공약수: 15

4 가로 1 cm, 세로 1 cm인 모눈이 그려진 직사각형 모양의 종이를 정사각형 모양으로 자른 것입니다. 물음에 답하세요.

(1) ☐ 안에 알맞은 수를 써넣으세요.

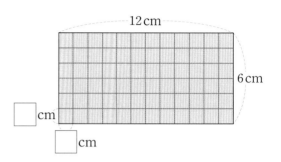

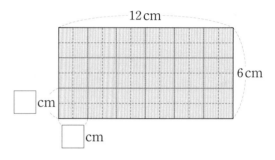

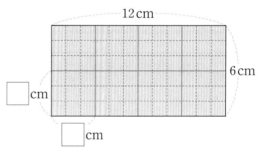

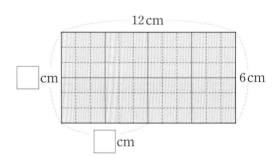

(2) 12와 6의 공약수와 최대공약수를 각각 써 보세요.

공약수: _____

최대공약수: _____

④ 최대공약수 구하는 방법 알아보기

개념 익히기

● 최대공약수 구하기

어떤 수를 그 수의 약수 중 1이 아닌 가장 작은 수로 계속 나누어 곱셈식으로 나타낼 수 있습니다.

$$2 \overline{)\,12}$$
$$2 \overline{)\;\;6} \rightarrow 12 \div 2 = 6 \quad \rightarrow \quad 12 = 2 \times 2 \times 3$$
$$3 \rightarrow 6 \div 2 = 3$$

어떤 두 수를 1이 아닌 가장 작은 약수들의 곱으로 나타내면 두 수의 공약수와 최대공약수를 구할 수 있습니다.

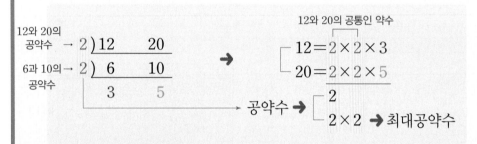

12와 20의 공약수 →
$$2 \overline{)\,12 \quad\quad 20}$$
6과 10의 공약수 →
$$2 \overline{)\;\;6 \quad\quad 10}$$
$$3 \quad\quad 5$$

12와 20의 공통인 약수

$$12 = \underline{2 \times 2} \times 3$$
$$20 = \underline{2 \times 2} \times 5$$

공약수 →
$$2$$
$$2 \times 2 \rightarrow \text{최대공약수}$$

1은 모든 수의 약수입니다.

→ 12와 20의
공약수: 1, 2, 4 → 1, 2, 4는 4의 약수
최대공약수: 4

다음과 같은 방법으로 수를 1이 아닌 가장 작은 약수들의 곱으로 나타낼 수도 있습니다.

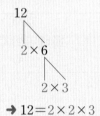

$$12$$
$$2 \times 6$$
$$2 \times 3$$

→ $12 = 2 \times 2 \times 3$

---

1 ☐ 안에 알맞은 수를 써넣고, 두 수의 최대공약수를 구해 보세요.

(1)
$$3 \overline{)\,27 \quad\quad 18}$$
$$3 \overline{)\;\;9 \quad\quad 6}$$
$$3 \quad\quad 2$$

→
$$27 = 3 \times 3 \times 3$$
$$18 = 3 \times 3 \quad\quad \times 2$$

$$\boxed{} \times \boxed{}$$

(   )

2와 3의 최대공약수는 어떻게 구하나요?

모든 수는 1을 약수로 가지므로 1 이외에 공통인 약수가 없는 두 수의 최대공약수는 1입니다. 따라서 2와 3의 최대공약수는 1입니다.

(2)
$$2 \overline{)\,36 \quad\quad 12}$$
$$2 \overline{)\,18 \quad\quad 6}$$
$$3 \overline{)\;\;9 \quad\quad 3}$$
$$3 \quad\quad 1$$

→
$$36 = 2 \times \boxed{} \times 3 \times 3$$
$$12 = 2 \times 2 \times 3$$

$$\boxed{} \times \boxed{} \times \boxed{}$$

(   )

두 수 중 작은 수가 큰 수의 약수이면 작은 수가 두 수의 최대공약수가 됩니다.
예 3과 6의 최대공약수: 3
    10과 30의 최대공약수: 10

정답과 해설 **10**쪽

1 48과 60의 최대공약수를 구하려고 합니다. 물음에 답하세요.

(1) 다음을 보고 48과 60을 각각 1이 아닌 가장 작은 약수들의 곱으로 나타내어 보세요.

$$
\begin{array}{r}
2\,)\underline{48\qquad 60} \\
2\,)\underline{24\qquad 30} \\
3\,)\underline{12\qquad 15} \\
4\qquad 5
\end{array}
$$

➜ $\begin{cases} 48 = 2 \times \boxed{} \times \boxed{} \times \boxed{} \\ 60 = 2 \times \boxed{} \times \boxed{} \times \boxed{} \end{cases}$

(2) (1)에서 나타낸 곱셈식에서 공통인 약수의 곱을 써 보세요.

_____

(3) 48과 60의 최대공약수는 얼마인가요?

(　　　　　　　)

2 27과 45를 두 수의 곱으로 나타낸 것입니다. 물음에 답하세요.

$$
\begin{array}{ll}
27 = 1 \times 27 & 45 = 1 \times 45 \\
27 = 3 \times 9 & 45 = 3 \times 15 \\
& 45 = 5 \times 9
\end{array}
$$

(1) 곱셈식에 공통으로 들어 있는 수 중 가장 큰 수는 무엇인가요?

(　　　　　　　)

(2) 27과 45의 최대공약수는 얼마인가요?

(　　　　　　　)

3 수를 1이 아닌 가장 작은 약수들의 곱으로 나타낸 것입니다. 공통인 수를 이용하여 두 수의 최대공약수를 구해 보세요.

(1)
$$
\begin{array}{l}
24 = 2 \times 2 \times 2 \times 3 \\
36 = 2 \times 2 \times 3 \times 3
\end{array}
$$

(　　　　　　　)

(2)
$$
\begin{array}{l}
12 = 2 \times 2 \times 3 \\
60 = 2 \times 2 \times 3 \times 5
\end{array}
$$

(　　　　　　　)

4 28과 42의 최대공약수를 구하려고 합니다. □ 안에 알맞은 수를 써넣으세요.

$$
\begin{array}{r}
2\,)\underline{28\qquad 42} \\
7\,)\underline{14\qquad 21} \\
2\qquad 3
\end{array}
$$

➜ 최대공약수: $\boxed{} \times \boxed{} = \boxed{}$

5 두 수의 최대공약수를 구해 보세요.

$$
2\,)\underline{30\qquad 36}
$$

최대공약수: _____

스스로 학습책 27쪽

5 공배수와 최소공배수 알아보기

○ **공배수**

두 수의 배수 중 공통인 배수를 두 수의 공배수라고 합니다.

2의 배수 →	2를 1배, 2배, 3배…… 한 수
3의 배수 →	3을 1배, 2배, 3배…… 한 수
2와 3의 공배수 →	2를 1배, 2배, 3배…… 한 수 중에서 3을 1배, 2배, 3배…… 한 수

2의 배수 →		2	4	6	8	10	12	
3의 배수 →			3	6		9	12	
2와 3의 공배수 →				6			12	

○ **최소공배수**

두 수의 공배수 중 가장 작은 수를 두 수의 최소공배수라고 합니다.

→ 2와 3의 공배수는 6, 12……이고, 최소공배수는 6입니다.

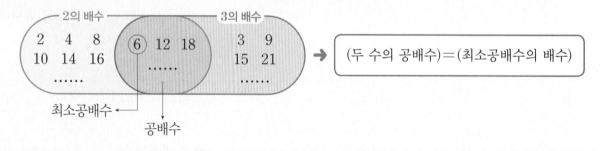

(두 수의 공배수)=(최소공배수의 배수)

---

1 2와 5의 공배수와 최소공배수를 알아보세요.

(1) 주어진 두 수의 배수에 색칠한 다음 공통인 배수에 색칠해 보세요.

2의 배수 →	1	2	3	4	5	6	7	8	9	10	11	12	13	14	15	16

5의 배수 →	1	2	3	4	5	6	7	8	9	10	11	12	13	14	15	16

2와 5의 공배수 →	1	2	3	4	5	6	7	8	9	10	11	12	13	14	15	16

(2) 2와 5의 공배수와 최소공배수를 각각 써 보세요.

공배수: _____

최소공배수: _____

1 8과 12의 배수를 알맞게 써넣고, 두 수의 공배수와 최소공배수를 구해 보세요.

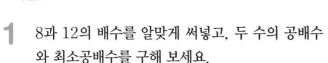

8의 배수: 8, 16, 24, 32, 40, 48……
12의 배수: 12, 24, 36, 48, 60, 72……

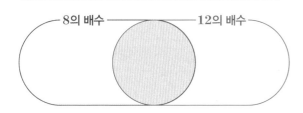

공배수: _____

최소공배수: _____

2 빈칸에 알맞은 수를 써넣으세요.

9의 배수	
12의 배수	
9와 12의 공배수	
9와 12의 최소공배수	

3 어떤 두 수의 최소공배수가 20일 때, 두 수의 공배수를 가장 작은 수부터 3개 써 보세요.

공배수: ☐, ☐, ☐
↓
최소공배수: 20

4 가로 4 cm, 세로 6 cm인 종이를 겹치지 않게 빈틈없이 이어 붙여 정사각형을 만들었습니다. 물음에 답하세요.

(1) ☐ 안에 알맞은 수를 써넣으세요.

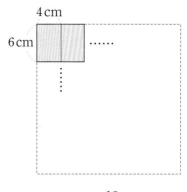

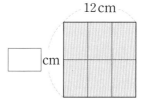

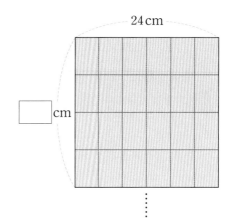

(2) 4와 6의 공배수와 최소공배수를 각각 써 보세요.

공배수: _____

최소공배수: _____

스스로
학습책
28쪽

⑥ 최소공배수 구하는 방법 알아보기

◉ 최소공배수 구하기

어떤 수를 그 수의 약수 중 1이 아닌 가장 작은 수로 계속 나누어 곱셈식으로 나타낼 수 있습니다.

$$
\begin{array}{r}
2\,)\,\underline{20} \\
2\,)\,\underline{10} \\
5
\end{array}
\quad
\begin{array}{l}
\\
\rightarrow\ 20 \div 2 = 10 \\
\rightarrow\ 10 \div 2 = 5
\end{array}
\quad \rightarrow\ 20 = 2 \times 2 \times 5
$$

어떤 두 수를 1이 아닌 가장 작은 약수들의 곱으로 나타내면 두 수의 공배수와 최소공배수를 구할 수 있습니다.

$$
\begin{array}{r}
2\,)\,\underline{12 \quad 20} \\
2\,)\,\underline{\ 6 \quad 10} \\
3 \qquad 5
\end{array}
\quad \rightarrow \quad
\begin{array}{l}
12 = 2 \times 2 \times 3 \\
20 = 2 \times 2 \qquad \times 5 \\
\hline
\quad\ 2 \times 2 \times 3 \times 5 \rightarrow \text{최소공배수}
\end{array}
$$

공통인 약수   공통이 아닌 약수

➡ 12와 20의 ┌ 최소공배수: 60
           └ 공배수: 60, 120, 180…… → 60의 배수

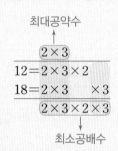

• 최대공약수와 최소공배수

최대공약수
2×3
$12 = 2 \times 3 \times 2$
$18 = 2 \times 3 \qquad \times 3$
$2 \times 3 \times 2 \times 3$
최소공배수

최대공약수: $2 \times 3 = 6$
최소공배수: $2 \times 3 \times 2 \times 3 = 36$

---

1 □ 안에 알맞은 수를 써넣고, 두 수의 최소공배수를 구해 보세요.

(1)
$$
\begin{array}{r}
2\,)\,\underline{18 \quad 30} \\
3\,)\,\underline{\ 9 \quad 15} \\
3 \qquad 5
\end{array}
\quad \rightarrow \quad
\begin{array}{l}
18 = 2 \times 3 \times 3 \\
30 = 2 \times 3 \times \quad \times 5
\end{array}
$$

□ × □ × □ × □

(   )

(2)
$$
\begin{array}{r}
2\,)\,\underline{16 \quad 32} \\
2\,)\,\underline{\ 8 \quad 16} \\
2\,)\,\underline{\ 4 \quad\ 8} \\
2\,)\,\underline{\ 2 \quad\ 4} \\
1 \qquad 2
\end{array}
\quad \rightarrow \quad
\begin{array}{l}
16 = 2 \times 2 \times 2 \times 2 \\
32 = 2 \times 2 \times 2 \times 2 \times \ \square
\end{array}
$$

□ × □ × □ × □ × □

(   )

두 수 중 큰 수가 작은 수의 배수이면 큰 수가 두 수의 최소공배수가 됩니다.
예 2와 4의 최소공배수: 4
   15와 30의 최소공배수: 30

1 42와 14의 최소공배수를 구하려고 합니다. 물음에 답하세요.

(1) 다음을 보고 42와 14를 각각 1이 아닌 가장 작은 약수들의 곱으로 나타내어 보세요.

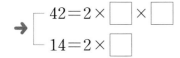

$$
\begin{array}{r}
2\,)\underline{42\qquad 14}\\
7\,)\underline{21\qquad 7}\\
3\qquad 1
\end{array}
$$

→ $\begin{cases} 42 = 2 \times \boxed{} \times \boxed{} \\ 14 = 2 \times \boxed{} \end{cases}$

(2) (1)에서 나타낸 곱셈식을 보고 최소공배수를 약수의 곱셈식으로 나타내어 보세요.

_____

(3) 42와 14의 최소공배수는 얼마인가요?

(   )

2 15와 18을 두 수의 곱으로 나타낸 것입니다. 물음에 답하세요.

$15 = 1 \times 15$	$15 = 3 \times 5$
$18 = 1 \times 18$	$18 = 2 \times 9$
$18 = 3 \times 6$	$18 = 2 \times 3 \times 3$

(1) 15와 18의 최소공배수를 구하기 위한 여러 수의 곱셈식을 써보세요.

$\begin{cases} 15 = 3 \times \boxed{} \\ 18 = \boxed{} \times \boxed{} \times \boxed{} \end{cases}$

(2) 15와 18의 최소공배수는 얼마인가요?

(   )

3 수를 1이 아닌 가장 작은 약수들의 곱으로 나타낸 것입니다. 두 수의 최소공배수를 구해 보세요.

(1)
$$
\begin{array}{l}
36 = 2 \times 2 \times 3 \times 3 \\
\underline{54 = 2 \times \qquad 3 \times 3 \times 3}
\end{array}
$$

(   )

(2)
$$
\begin{array}{l}
45 = \qquad 3 \times 3 \times 5 \\
\underline{90 = 2 \times 3 \times 3 \times 5}
\end{array}
$$

(   )

4 24와 30의 최소공배수를 구하려고 합니다. □ 안에 알맞은 수를 써넣으세요.

$$
\begin{array}{r}
2\,)\underline{24\qquad 30}\\
3\,)\underline{12\qquad 15}\\
4\qquad 5
\end{array}
$$

최소공배수: $\boxed{} \times \boxed{} \times \boxed{} \times \boxed{} = \boxed{}$

5 두 수의 최소공배수를 구해 보세요.

$$
\begin{array}{r}
)\underline{48\qquad 36}\\
\end{array}
$$

최소공배수: _____

2단원

1 두 수를 1이 아닌 가장 작은 수의 곱으로 나타낸 것입니다. 최대공약수와 최소공배수를 구해 보세요.

$$36 = 2 \times 2 \times 3 \times 3$$
$$60 = 2 \times 2 \times 3 \times 5$$

최대공약수 (   )

최소공배수 (   )

개념 PLUS

곱셈식에서 공통인 부분은 최대공약수이고, 공통인 부분에 공통이 아닌 나머지 수를 모두 곱한 것은 최소공배수입니다.

2 18과 27의 공약수는 모두 몇 개인가요?

(   )

3 ☐ 안에 공통으로 들어갈 수 있는 수를 찾아 기호를 써 보세요.

> • 2와 3은 ☐의 약수입니다.
>
> • ☐은/는 2와 3의 배수입니다.

> ㉠ 28   ㉡ 34   ㉢ 42   ㉣ 49

(   )

개념 PLUS

두 수의 곱은 두 수의 공배수입니다.

4 두 수의 최소공배수가 가장 큰 것을 찾아 기호를 써 보세요.

> ㉠ (15, 60)   ㉡ (12, 144)   ㉢ (14, 84)

(   )

5 28과 15를 1이 아닌 가장 작은 약수들의 곱으로 나타내었습니다. 두 수의 최대공약수를 구해 보세요.

개념 연결

1 이외의 공약수를 갖지 않는 두 수를 서로소라고 합니다.

$$28 = 2 \times 2 \times 7$$
$$15 = \qquad\quad 3 \times 5$$

(   )

6 16의 배수도 되고 24의 배수도 되는 두 수 중에서 가장 큰 두 자리 수를 구해 보세요.

(   )

서술형

7 채아와 도원이가 카드의 수를 맞히는 놀이를 하고 있습니다. 대화를 읽고 채아가 가지고 있는 카드에 적힌 수는 어떤 수인지 찾고, 그 이유를 설명해 보세요.

> 채아: 내 카드에 적힌 수는 13보다 크고 17보다 작아.
> 도원: 음……. 힌트를 하나만 더 줘.
> 채아: 48의 약수이고, 32의 약수야.

답 _____

이유 _____

_____

8 대화를 읽고 잘못 말한 사람을 찾아 이름을 써 보세요.

30과 54의 공약수는 두 수를 모두 나누어 떨어지게 할 수 있어.

민지

30과 54의 공약수 중에서 가장 작은 수는 1이야.

희준

30과 54의 공약수 중에서 가장 큰 공약수는 3이야.

채아

(   )

9 사탕 6개와 과자 8개를 최대한 많은 학생들에게 남김없이 똑같이 나누어 주려고 합니다. 물음에 답하세요.

(1) ☐ 안에 알맞은 수를 써넣으세요.

사탕	과자
1개씩 6명	1개씩 8명
2개씩 ☐명	2개씩 ☐명
3개씩 ☐명	4개씩 ☐명
6개씩 ☐명	8개씩 ☐명

(2) (1)에서 사탕과 과자를 나누어 줄 수 있는 사람 수가 같은 경우를 모두 구해 보세요.

(   )

(3) 6과 8의 최대공약수를 구하고, ☐ 안에 알맞은 말을 써넣으세요.

최대공약수 (   )

➡ 조건에 맞게 사탕과 과자를 나누어 줄 수 있는 학생 수는

6과 8의 ☐☐☐☐☐☐☐ 입니다.

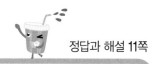

10 가로가 6cm, 세로가 9cm인 종이를 겹치지 않게 빈틈없이 이어 붙여 가장 작은 정사각형을 만들려고 합니다. 물음에 답하세요.

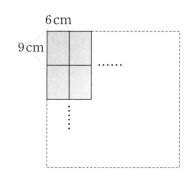

(1) 표를 완성해 보세요.

가로(cm)	6	12					
세로(cm)	9						

(2) (1)에서 가로와 세로의 길이가 같은 경우는 몇 cm인가요?

( )

(3) 6과 9의 최소공배수를 구하고, □ 안에 알맞은 말을 써넣으세요.

최소공배수 ( )

➡ 조건에 맞게 정사각형을 만들 때, 만든 정사각형의 한 변의 길이는 6과 9의 [   ]입니다.

11 서호는 1부터 50까지의 수를 차례대로 말하면서 3과 7의 배수에서 각각 박수를 한 번씩 치려고 합니다. 박수를 동시에 두 번 치게 되는 경우는 몇 번 인가요?

( )

1 조건을 만족하는 수 구하기

★ 8의 배수 중 54보다 크고 90보다 작은 수는 모두 몇 개인지 구해 보세요.

( )

조건에 맞는 수를 차례로 구해 보세요.

★
★ 조건에 알맞은 수를 구해 보세요.

> • 9와 15의 공배수
> • 80보다 크고 100보다 작은 수

( )

2 최대한 큰 수로 똑같이 나누기

★ 두 수를 모두 나눌 수 있는 수 중 가장 큰 수를 구해 보세요.

| 30 | 42 |

( )

두 수를 모두 나누어떨어지게 하는 수를 구해 보세요.

★
★ 딸기 14개와 자두 56개를 최대한 많은 학생에게 남김없이 똑같이 나누어 주려고 할 때, 한 학생이 받을 수 있는 딸기와 자두는 각각 몇 개인가요?

딸기 ( )
자두 ( )

3 카드 이어 붙이기

★ 4×●=7×■가 되는 수 중 가장 작은 ●와 ■를 구해 보세요.

● ( ), ■ ( )

두 수의 배수 중 같은 수가 되는 경우를 생각해 보세요.

★
★ 가로가 21 cm, 세로가 30 cm인 직사각형 모양의 카드를 겹치지 않게 빈틈없이 이어 붙여 가장 작은 정사각형을 만들려고 합니다. 이때 정사각형의 한 변은 몇 cm이고, 카드는 몇 장 필요한가요?

( ), ( )

4 어떤 두 수의 공약수로 어떤 수 구하기

공약수와 공약수로 나눈 몫을 찾아 보세요.

★ 어떤 두 수 16과 ●를 1이 아닌 공약수로 나누어 나타냈을 때, ●의 값과 두 수의 최소공배수를 구해 보세요.

$$
4\,)\,\underline{16 \qquad ●}
$$
$$
\quad\ \ 4 \qquad 7
$$

● (   )

최소공배수 (   )

★★ 어떤 두 수 ◆와 ▲의 최소공배수가 70일 때, □ 안에 알맞은 수를 써넣고, ◆와 ▲의 값을 구해 보세요.

$$
2\,)\,\underline{◆ \qquad ▲}
$$
$$
\quad\ \ \boxed{} \qquad 7
$$

◆ (   )

▲ (   )

5 나누는 수 구하기

나눗셈식을 세워 나누는 수를 구해 보세요.

★ 64와 72를 각각 어떤 수로 나누면 나누어떨어집니다. 어떤 수 중 가장 큰 수를 구해 보세요.

(   )

★★ 32와 50을 각각 어떤 수로 나누면 나머지가 모두 2입니다. 어떤 수를 모두 구해 보세요.

(   )

6 나누어지는 수 구하기

나눗셈식을 세워 나누어지는 수를 구해 보세요.

★ 8로 나누어도 나누어떨어지고, 10으로 나누어도 나누어떨어지는 수 중에서 가장 큰 두 자리 수를 구해 보세요.

(   )

★★ 6으로 나누어도 3이 남고, 9로 나누어도 3이 남는 두 자리 수 중에서 가장 작은 수를 구해 보세요.

(   )

단원평가

1 27의 약수를 모두 구해 보세요.

(   )

2 모든 수의 약수가 되는 수는 무엇인가요?

(   )

3 배수를 가장 작은 수부터 5개 써 보세요.

(1) 6의 배수

_____

(2) 14의 배수

_____

4 식을 보고 ☐ 안에 '약수'와 '배수'를 알맞게 써넣으세요.

$$56 = 7 \times 8$$

(1) 56은 7과 8의 ☐ 입니다.

(2) 7과 8은 56의 ☐ 입니다.

5 15와 16의 약수를 알맞게 써넣고, 두 수의 최대공약수를 구해 보세요.

15의 약수: 1, 3, 5, 15
16의 약수: 1, 2, 4, 8, 16

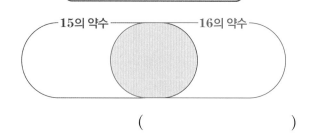

(   )

6 약수가 가장 많은 수는 어느 것인가요?

····································· (   )

① 11   ② 35   ③ 50
④ 54   ⑤ 64

7 두 자리 수 중에서 26의 배수를 모두 구해 보세요.

(   )

8 곱셈식을 보고 ☐ 안에 알맞은 수를 써넣어 두 수의 최대공약수를 구해 보세요.

$$30 = 2 \times 3 \times 5 \qquad 45 = 3 \times 3 \times 5$$

30과 45의 최대공약수: ☐ × ☐ = ☐

9 바나나 20개를 친구들에게 남김없이 똑같이 나누어 주려고 합니다. 나누어 줄 수 있는 사람 수를 모두 찾아 ○표 하세요.

| 3명 | 4명 | 6명 | 10명 | 15명 |

10 42와 48의 최소공배수를 구해 보세요.

)42   48

최소공배수: _____

11 어떤 두 수의 최소공배수가 16일 때, 두 수의 공배수를 가장 작은 수부터 3개 구해 보세요.

(   )

12 왼쪽 수가 오른쪽 수의 배수일 때, ☐ 안에 들어갈 수 있는 수를 모두 구해 보세요.

(24, ☐)

(   )

13 어떤 수의 약수를 모두 쓴 것입니다. ☐ 안에 알맞은 수를 구해 보세요.

1, 2, 4, 5, 8, ☐ , 20, 40

(   )

14 두 수가 약수와 배수의 관계가 되도록 만들려고 합니다. 빈 곳에 들어갈 수 있는 수를 모두 고르세요.   (   )

| 18 | |

① 4   ② 6   ③ 8
④ 36   ⑤ 80

15 조건을 만족하는 수를 모두 구해 보세요.

> • 어떤 수는 24의 약수입니다.
> • 어떤 수는 8의 배수입니다.

(   )

16 도서관을 현주는 3일마다 가고, 승환이는 4일마다 갑니다. 현주와 승환이가 3월 3일에 도서관에서 만났다면 며칠마다 다시 만나게 되나요?

(   )

17 21과 28을 각각 1이 아닌 어떤 수로 나누었더니 모두 나누어떨어졌습니다. 어떤 수를 구해 보세요.

(   )

18 어느 기차역에서 경주행은 24분마다, 익산행은 36분마다 출발한다고 합니다. 오전 8시 30분에 경주행과 익산행 기차가 동시에 출발하였다면 다음번에 동시에 출발하는 시각은 오전 몇 시 몇 분인가요?

(   )

19 4의 배수는 모두 2의 배수인가요? 그렇게 생각하는 이유를 써 보세요.

답 _____

이유 _____

_____

_____

20 가로가 10 cm, 세로가 16 cm인 직사각형 모양의 색종이를 겹치지 않게 빈틈없이 이어 붙여 가장 작은 정사각형을 만들려고 합니다. 색종이는 모두 몇 장 필요한지 풀이 과정을 쓰고, 답을 구해 보세요.

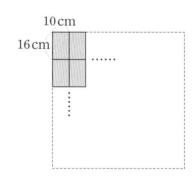

풀이 _____

_____

_____

답 _____

단원평가

1 36의 약수는 모두 몇 개입니까?

(   )

2 63의 약수 중에서 가장 큰 수는 얼마인가요?

(   )

3 12와 28을 1이 아닌 가장 작은 수의 곱으로 나타내어 최소공배수를 구하려고 합니다. ☐ 안에 알맞은 수를 써넣으세요.

$$12 = 2 \times \boxed{} \times \boxed{}, \ 28 = 2 \times \boxed{} \times \boxed{}$$

12와 28의 최소공배수:

$$\boxed{} \times \boxed{} \times \boxed{} \times \boxed{} = \boxed{}$$

4 12와 30의 공약수가 아닌 것은 어느 것인가요?

·······································(   )

① 1   ② 2   ③ 3

④ 4   ⑤ 6

5 보기 와 같이 두 수의 최소공배수를 구해 보세요.

┌─ 보기 ─────────────┐
│   │
│   2)8   12   │
│   2)4   6   │
│   2   3   │
│   │
│ 최소공배수: │
│ $2 \times 2 \times 2 \times 3 = 24$ │
│   │
└──────────────────┘

$$\overline{)27 \qquad 36}$$

최소공배수:

_____

6 어떤 두 수의 최대공약수가 15일 때, 두 수의 공약수를 모두 구해 보세요.

(   )

7 두 수의 최대공약수와 최소공배수를 구해 보세요.

수	최대공약수	최소공배수
(24, 36)		

8 두 수가 약수와 배수의 관계인 것을 모두 고르세요.

·······································(   )

① (3, 11)   ② (20, 6)   ③ (9, 54)

④ (21, 82)   ⑤ (14, 56)

9 식을 보고 바르게 설명한 것은 어느 것인가요?
.... (   )

$$4 \times 9 = 36$$

① 36은 4의 약수입니다.
② 36은 9의 약수입니다.
③ 4는 36의 약수입니다.
④ 9는 36의 배수입니다.
⑤ 4와 9는 약수와 배수의 관계입니다.

10 두 수 가와 나의 최대공약수는 30입니다. □ 안에 알맞은 수를 써넣으세요.

가 $= 2 \times 2 \times 3 \times 5$
나 $= 2 \times 3 \times 3 \times \boxed{}$

11 6과 9의 공배수 중에서 50보다 작은 수는 모두 몇 개인가요?

(   )

12 □ 안에 알맞은 수를 써넣으세요.

32와 48의 공약수는 $\boxed{}$의 약수와 같습니다.

13 왼쪽 수가 오른쪽 수의 배수일 때, □ 안에 들어갈 수 있는 수는 모두 몇 개인가요?

(32, $\boxed{}$)

(   )

14 기계 ㉮와 ㉯가 있습니다. ㉮는 8일마다, ㉯는 10일마다 정기 점검을 합니다. 오늘 두 기계를 동시에 점검하였다면 다음번에 두 기계를 동시에 점검하는 날은 며칠 후인가요?

(   )

15 명주는 6일마다 체육관에 가고, 경민이는 4일마다 체육관에 갑니다. 명주와 경민이가 4월 1일에 같이 체육관에 갔다면 4월 한 달 동안 두 사람은 체육관에 몇 번 같이 가게 되나요?

(   )

16 14로 나누어도 나누어떨어지고 21로 나누어도 나누어떨어지는 수 중에서 가장 작은 수를 구해 보세요.

(   )

17 어떤 수의 배수를 가장 작은 수부터 차례로 썼을 때, 3번째 수와 4번째 수의 차가 11입니다. 3번째 수를 구해 보세요.

(   )

18 어떤 두 수 ●와 60의 최소공배수가 180일 때, ●과 ◆의 값을 구해 보세요.

$$5\,)\!\!\!\!\underline{●60}$$
$$◆\blacksquare$$

● (   )

◆ (   )

19 빨간 풍선 20개와 파란 풍선 30개를 최대한 많은 사람에게 남김없이 똑같이 나누어 주려고 합니다. 한 사람에게 빨간 풍선과 파란 풍선을 각각 몇 개씩 줄 수 있는지 풀이 과정을 쓰고, 답을 구해 보세요.

풀이 _____

_____

_____

_____

답 _____

20 어떤 수를 12로 나누어도 4가 남고, 18로 나누어도 4가 남습니다. 어떤 수 중에서 가장 작은 수는 얼마인지 풀이 과정을 쓰고, 답을 구해 보세요.

풀이 _____

_____

_____

_____

답 _____

보물 상자를 찾아라!

보물 상자가 있는 곳까지 가는 길을 찾아보세요.

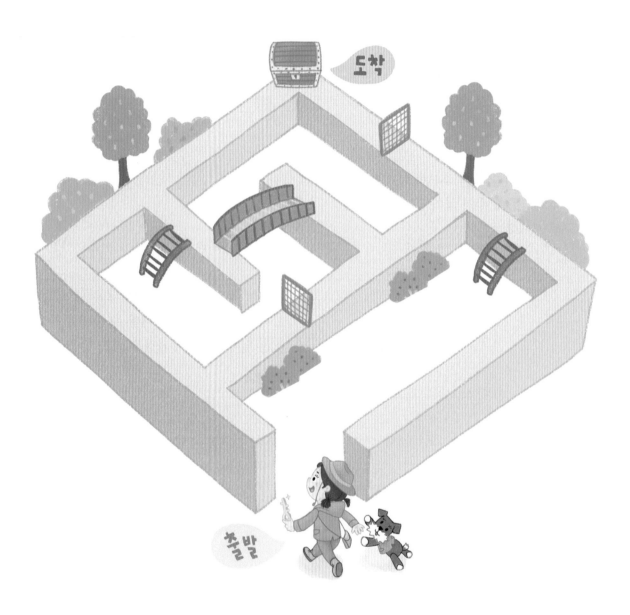

3 규칙과 대응

이번에 배울 내용

- 두 양 사이의 관계 알아보기
- 대응 관계를 식으로 나타내기
- 생활 속에서 대응 관계 찾아 식으로 나타내기

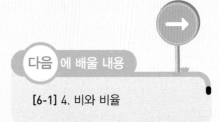

다음에 배울 내용

[6-1] 4. 비와 비율

① 두 양 사이의 관계 알아보기

○ 규칙적인 배열에서 대응 관계 찾기

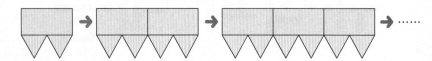

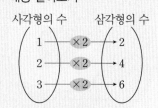

• 대응 알아보기

사각형의 수   삼각형의 수

1 ×2 2
2 ×2 4
3 ×2 6

➜ 사각형의 수와 삼각형의 수는 일정하게 변합니다.

• 규칙 알아보기

사각형의 수가 1개일 때, 삼각형의 수는 2개입니다.

2개	4개
3개	6개
⋮	⋮
10개	20개

➜ 사각형의 수를 2배 하면 삼각형의 수와 같습니다.
➜ 삼각형의 수를 2로 나누면 사각형의 수와 같습니다.

• 표로 알아보기

사각형의 수(개)	1	2	3	……
삼각형의 수(개)	2	4	6	……

2배

➜ 사각형의 수는 삼각형의 수의 반과 같습니다.
➜ 삼각형의 수는 사각형의 수의 2배입니다.

1 빨간색 사각형과 파란색 사각형으로 규칙적인 배열을 만들고 있습니다. 물음에 답하세요.

(1) □ 안에 알맞은 수를 써넣으세요.

왼쪽에 있는 빨간색 사각형 ☐개는 변하지 않고, 오른쪽에 있는 빨간색 사각형과 파란색 사각형의 수가 ☐개씩 늘어납니다.

(2) 빨간색 사각형과 파란색 사각형의 수가 어떻게 변하는지 표를 이용하여 알아보세요.

파란색 사각형의 수(개)	1	2	3	4	……
빨간색 사각형의 수(개)	3				……

➜ 빨간색 사각형의 수는 파란색 사각형의 수보다 ☐개 더 많습니다.

1 탁자의 수와 의자의 수 사이에는 어떤 대응 관계가 있는지 알아보려고 합니다. 표를 완성하고, □ 안에 알맞은 수를 써넣으세요.

   ......

탁자의 수(개)	1	2	3	4	5	......
의자의 수(개)	3	6				......

탁자의 수가 1씩 커질수록 의자의 수는 □ 씩 커집니다.

 의자의 수는 탁자의 수의 □ 배입니다.

2 삼각형의 수와 변의 수 사이에는 어떤 대응 관계가 있는지 알아보려고 합니다. 표를 완성하고, □ 안에 알맞은 수를 써넣으세요.

   ......

삼각형의 수(개)	1	2	3	4	5	......
변의 수(개)	3					......

→ 변의 수는 삼각형의 수의 □ 배입니다.

[3~6] 도형의 배열을 보고 물음에 답하세요.

3 다음에 이어질 알맞은 모양을 그려 보세요.

4 원의 수와 사각형의 수 사이의 관계를 생각하며 □ 안에 알맞은 수를 써넣으세요.

• 원이 10개일 때 필요한 사각형의 수는 □개입니다.

• 원이 20개일 때 필요한 사각형의 수는 □개입니다.

5 사각형이 100개일 때, 원은 몇 개 필요한가요?

( )

6 원의 수와 사각형의 수 사이의 대응 관계를 써 보세요.

관계 _____

_____

스스로 학습책 39쪽

3 단원

② 대응 관계를 식으로 나타내기

○ 자동차의 수와 바퀴의 수 사이의 대응 관계를 표를 이용하여 알아보기

자동차의 수(대)	1	2	3	4	5	……
자동차 바퀴의 수(개)	4	8	12	16	20	……

바퀴의 수는 자동차의 수의 4배입니다. ──────── 대응 관계 말하기

(바퀴의 수) = (자동차의 수) × 4 ──────── 식으로 나타내기

　★　＝　●　×4 ──────── 식을 기호로 나타내기

두 양 사이의 대응 관계를 식으로 간단하게 나타낼 때는 각 양을 ●, ▲, ★ 등과 같은 기호로 표현할 수 있습니다.

[4-1 6. 규칙 찾기]

먼저 생각해 봐요

$3 \times 4 = \boxed{}$

$\left. \vphantom{\begin{matrix}a\\b\end{matrix}}\right\} + \boxed{}$

$3 \times 5 = \boxed{}$

$\left. \vphantom{\begin{matrix}a\\b\end{matrix}}\right\} + \boxed{}$

$3 \times 6 = \boxed{}$

1 달걀이 한 판에 10개씩 들어 있습니다. 달걀 판의 수와 달걀의 수 사이에는 어떤 대응 관계가 있는지 알아보려고 합니다. 물음에 답하세요.

(1) 달걀 판의 수와 달걀의 수 사이의 대응 관계를 표를 이용하여 알아보세요.

달걀 판의 수(개)	1	2	3	4	5	……
달걀의 수(개)	10	20				……

(2) 달걀 판의 수와 달걀의 수 사이의 대응 관계를 식으로 나타내어 보세요.

 _____

(3) 달걀 판의 수를 ◆, 달걀의 수를 ●라고 할 때, 두 양 사이의 대응 관계를 나타내는 식을 모두 찾아 기호를 쓰세요.

㉠ ◆ × 10 = ●	㉡ ◆ ÷ 10 = ●
㉢ ● ÷ 10 = ◆	㉣ ● × 10 = ◆

(　　　　　　)

[1~3] 음료수가 한 상자에 9개씩 들어 있습니다. 상자의 수와 음료수의 수 사이에는 어떤 대응 관계가 있는지 알아보려고 합니다. 물음에 답하세요.

1 상자의 수와 음료수의 수 사이의 대응 관계를 표를 이용하여 알아보세요.

상자의 수(개)	음료수의 수(개)
1	9
2	
3	
4	
5	
⋮	⋮

2 상자의 수와 음료수의 수 사이의 대응 관계를 식으로 나타내려고 합니다. 알맞은 카드를 골라 나열해 보세요.

```
  상자의 수          음료수의 수

  +    −    ×    ÷    =

  5    6    7    8    9
```

식 _____

3 상자의 수를 ●, 음료수의 수를 ▲라고 할 때, 두 양 사이의 대응 관계를 식으로 나타내어 보세요.

식 _____

[4~6] 도화지의 수와 누름 못의 수 사이에는 어떤 대응 관계가 있는지 알아보려고 합니다. 물음에 답하세요.

4 도화지의 수와 누름 못의 수 사이의 대응 관계를 표를 이용하여 알아보세요.

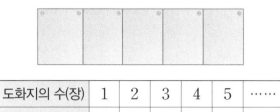

도화지의 수(장)	1	2	3	4	5	……
누름 못의 수(개)	2	3	4			……

5 도화지의 수와 누름 못의 수 사이의 대응 관계를 써 보세요.

관계 _____
_____

6 도화지의 수를 ●, 누름 못의 수를 ▲라고 할 때, 두 양 사이의 대응 관계를 식으로 나타내어 보세요.

식 _____

7 사탕 한 개의 무게는 7 g입니다. 사탕의 수와 사탕의 무게 사이의 대응 관계를 기호를 사용하여 식으로 나타내어 보세요.

사탕의 수: ☐ ➡ ☐
사탕의 무게: ☐

③ 생활 속에서 대응 관계를 찾아 식으로 나타내기

● 서로 관계가 있는 두 양을 찾아 대응 관계 써 보기

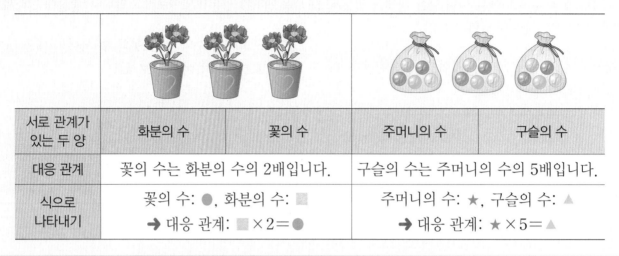

서로 관계가 있는 두 양	화분의 수	꽃의 수	주머니의 수	구슬의 수
대응 관계	꽃의 수는 화분의 수의 2배입니다.		구슬의 수는 주머니의 수의 5배입니다.	
식으로 나타내기	꽃의 수: ●, 화분의 수: ■ ➜ 대응 관계: ■×2=●		주머니의 수: ★, 구슬의 수: ▲ ➜ 대응 관계: ★×5=▲	

1 그림에서 대응 관계를 찾아 식으로 나타내어 보세요.

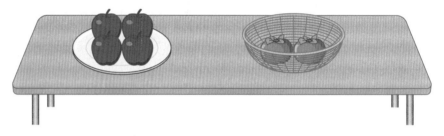

(1) 서로 관계가 있는 두 양을 찾아 대응 관계를 써 보세요.

	서로 관계가 있는 두 양		대응 관계
①	접시의 수		
②		감의 수	

(2) 위에서 찾은 대응 관계를 식으로 나타내어 보세요.

①	접시의 수를 ▲, [ ]을/를 ★이라고 할 때, 대응 관계는 [ ]입니다.
②	[ ]을/를 ■, 감의 수를 ◆라고 할 때, 대응 관계는 [ ]입니다.

[1~2] 주변에서 볼 수 있는 대응 관계를 찾아보려고 합니다. 물음에 답하세요.

1 서로 관계가 있는 두 양을 찾아 대응 관계를 써 보세요.

서로 관계가 있는 두 양	

관계 _____

2 위에서 찾은 대응 관계를 식으로 나타내어 보세요.

빨대의 수를 ☐, 컵의 수를 ☐(이)라고 하면 대응 관계는 ☐ 입니다.

[3~4] 오징어 다리는 10개입니다. 오징어의 수와 오징어 다리의 수 사이의 대응 관계를 찾아보려고 합니다. 물음에 답하세요.

3 오징어의 수와 오징어 다리의 수 사이의 대응 관계를 표를 이용하여 알아보세요.

오징어 수(마리)	1		3	4		……
다리의 수(개)	10	20			50	……

4 오징어의 수를 ■, 오징어 다리의 수를 ◆라고 할 때, ■와 ◆ 사이의 대응 관계를 식으로 나타내어 보세요.

식 _____

[5~8] 어느 해 같은 날 서울의 시각과 자카르타의 시각 사이의 대응 관계를 나타낸 표입니다. 물음에 답하세요.

서울의 시각	오후 1시	오후 2시	오후 3시	오후 4시	오후 5시	……
자카르타의 시각	오전 11시	오후 12시				……

5 오후 1시는 13시로, 오후 2시는 14시로 나타낼 수 있습니다. 오후 7시는 몇 시인가요?

( )

6 서울의 시각과 자카르타의 시각 사이에는 어떤 대응 관계가 있는지 표를 이용하여 알아보세요.

7 서울의 시각을 ●, 자카르타의 시각을 ◆라 할 때, ●와 ◆ 사이의 대응 관계를 식으로 나타내어 보세요.

식 _____

8 서울이 오전 4시일 때 자카르타의 시각을 구하세요.

( )

스스로 학습책 41쪽

1 올해 경호는 12살, 동생은 9살입니다. 경호의 나이와 동생의 나이 사이의 대응 관계를 표를 이용하여 알아보세요.

경호의 나이(살)	12	13			16	……
동생의 나이(살)	9		11	12		……

2 오각형의 수와 변의 수 사이의 대응 관계를 나타낸 표입니다. 표를 완성하고, 오각형의 수와 변의 수 사이에는 어떤 대응 관계가 있는지 써 보세요.

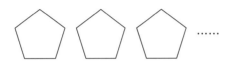

오각형의 수(개)	1	2	3	4	5	……
변의 수(개)						……

관계 _____

개념 PLUS

오각형의 수와 변의 수 사이의 대응 관계를 꺾은선그래프로 나타내어 보면 오각형의 수의 증가에 따라 변의 수가 일정하게 증가함을 알 수 있습니다.

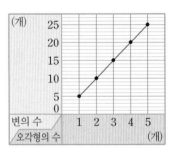

3 햇님 주차장의 시간당 요금은 3500원입니다. 주차 시간과 요금 사이에는 어떤 대응 관계가 있는지 알아보려고 합니다. 물음에 답하세요.

(1) 주차 시간과 요금 사이의 대응 관계를 표를 이용하여 알아보세요.

주차 시간	1시간	2시간		4시간	5시간	……
요금(원)	3500	7000	10500			……

(2) 주차 시간을 ▲(시간)이라고 할 때, 요금을 기호로 나타내고 주차 시간과 요금 사이의 대응 관계를 기호를 사용하여 식으로 나타내어 보세요.

요금 _____ 원

식 _____

4 색연필 16자루를 두 사람이 모두 나누어 가지려고 합니다. 성호가 갖는 색연필의 수와 나라가 갖는 색연필의 수 사이의 대응 관계를 표를 이용하여 알아보고, 식으로 나타내어 보세요.

주의

첫 번째 대응만 보고 식을 쓰지 않도록 주의합니다.

성호의 색연필 수(자루)	1	3		8	11	……
나라의 색연필 수(자루)	15		12			……

식 _____

[5~6] 요구르트 한 팩에는 요구르트가 5개씩 묶여 있습니다. 물음에 답하세요.

5 요구르트 팩의 수와 요구르트의 수 사이의 대응 관계를 기호를 사용하여 식으로 나타내어 보세요.

식 _____

_____

서술형

6 요구르트 팩의 수와 요구르트의 수 사이의 대응 관계를 잘못 말한 사람은 누구인지 쓰고, 잘못 말한 이유를 설명해 보세요.

민호: 대응 관계를 나타낸 식 ■×5＝▲에서 ■는 요구르트 팩의 수, ▲는 요구르트의 수를 나타내.

지은: 요구르트 팩의 수를 ●, 요구르트의 수를 ★이라고 하면 대응 관계는 ★×5＝●로 나타낼 수도 있어.

희라: 대응 관계를 알면 요구르트의 수가 클 때도 요구르트 팩의 수를 쉽게 알 수 있어.

이름 _____

이유 _____

_____

스스로
학습책
43쪽

7 모양 조각과 수 카드를 이용하여 대응 관계를 만들었습니다. 두 양 사이의 대응 관계를 식으로 나타내어 보세요.

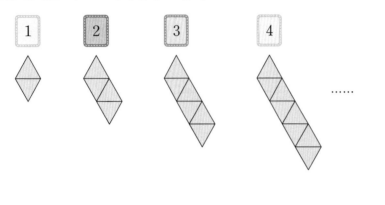

식 _____

[8~10] 1통에 2000원인 팝콘이 있습니다. 팔린 팝콘의 수와 판매 금액 사이의 대응 관계를 알아보려고 합니다. 물음에 답하세요.

8 팔린 팝콘의 수와 판매 금액 사이의 대응 관계를 표를 이용하여 알아보세요.

팔린 팝콘의 수(통)	1	2	3		5	……
판매 금액(원)	2000			8000		……

개념 연결

두 양 x와 y의 대응 관계를 $y=2 \times x,\ y=3 \times x,\ y=4 \times x$ …… 와 같이 나타낼 수 있을 때, x와 y가 정비례한다고 합니다.

9 팔린 팝콘이 50통일 때, 판매 금액은 얼마인지 구해 보세요.

( )

10 판매 금액이 50000원일 때, 팔린 팝콘은 몇 통인지 구해 보세요.

( )

3 단원

서술형

11 올해 원호는 12살이고 형은 16살입니다. 형이 30살이 되면 원호는 몇 살이 되는지 풀이 과정을 쓰고, 답을 구해 보세요.

풀이 _____

_____

_____

답 _____

[12~14] 현주가 3이라고 말하면 준서는 9라고 답하고, 현주가 4라고 말하면 준서는 16이라고 답합니다. 물음에 답하세요.

12 현주가 말한 수와 준서가 답한 수 사이의 대응 관계를 표를 이용하여 알아보세요.

현주가 말한 수	3	4	6		11	……
준서가 답한 수	9	16		81		……

개념 연결

같은 두 수를 곱한 수를 제곱수라고 합니다.

$10 \times 10 = 100$
$11 \times 11 = 121$
$12 \times 12 = 144$
$13 \times 13 = 169$
$14 \times 14 = 196$

⋮ 제곱수

13 현주가 말한 수를 ▲, 준서가 답한 수를 ◆라고 할 때, ▲와 ◆ 사이의 대응 관계를 식으로 나타내어 보세요.

식 _____

14 준서가 49라고 답했다면 현주는 몇이라고 말했는지 구해 보세요.

( )

스스로 학습책 45쪽

1 바둑돌에서 대응 관계 알아보기

바둑돌이 몇 개씩 늘어나는지 찾아봐요.

★ 바둑돌을 규칙적으로 늘어놓았습니다. 표를 완성하고, 순서와 바둑돌의 수 사이의 대응 관계를 식으로 나타내어 보세요.

순서	첫째	둘째	셋째	넷째	……
바둑돌의 수(개)	4	8			……

식 _____

★★ 바둑돌을 규칙적으로 늘어놓았습니다. 순서와 바둑돌의 수 사이의 대응 관계를 식으로 나타내고, 여섯째에 놓을 바둑돌은 몇 개인지 구해 보세요.

첫째   둘째   셋째   넷째

식 _____

답 _____

2 표를 보고 대응 관계 알아보기

■의 값이 1씩 변할 때 ▲가 얼마씩 커지는지 찾아봐요.

★ 표를 보고 ●와 ▲ 사이의 대응 관계를 바르게 나타낸 식을 모두 찾아 기호를 써 보세요.

●	1	2	3	4	5	……
▲	3	5	7	9	11	……

㉠ ▲=●+2   ㉡ ▲=●+●+1
㉢ ▲=●×2+1   ㉣ ●=▲-3

(   )

★★ 표를 보고 ■와 ▲ 사이의 대응 관계를 식으로 나타내어 보세요.

■	1	2	3	4	5	……
▲	1	5	9	13	17	……

식 _____

처음 사각형을 만들 때,
사각형이 1개 늘어날 때의 개수를 알아봐요.

③ 성냥개비에서 대응 관계 알아보기

★ 성냥개비로 다음과 같이 정삼각형을 만들었습니다. 물음에 답하세요.

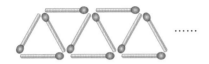

(1) 정삼각형의 수와 성냥개비의 수 사이의 대응 관계를 표를 이용하여 알아보세요.

정삼각형의 수(개)	1	2	3	4	……
성냥개비의 수(개)	3				……

(2) 정삼각형을 6개 만들려면 필요한 성냥개비는 몇 개인가요?

( )

★★ 성냥개비로 다음과 같이 정사각형을 만들었습니다. 물음에 답하세요.

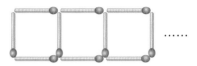

(1) 정사각형의 수를 ◆, 성냥개비의 수를 ●라고 할 때 ◆와 ● 사이의 대응 관계를 식으로 나타내어 보세요.

식 _____

(2) 성냥개비 25개로 만들 수 있는 정사각형은 몇 개인가요?

( )

④ 도형의 수에서 대응 관계 알아보기

★ 마름모의 각 변을 똑같이 나누어 작은 마름모를 만들고 있습니다. 순서와 가장 작은 마름모의 수 사이의 대응 관계를 표를 이용하여 알아보세요.

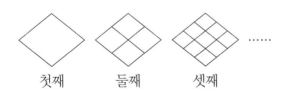

첫째	둘째	셋째

순서	첫째	둘째	셋째	넷째	……
가장 작은 마름모의 수(개)					……

변을 나눌 때마다 사각형이 몇 개씩 늘어나는지 알아봐요.

★★ 정사각형의 각 변을 2등분하여 작은 사각형을 만들고 있습니다. 가장 작은 사각형이 256개인 사각형은 몇 째인가요?

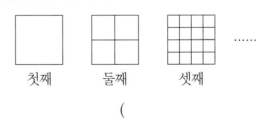

첫째	둘째	셋째

( )

단원평가

[1~2] 문구점에서 지우개 1개의 가격은 500원입니다. 물음에 답하세요.

1 지우개의 수와 지우개의 가격 사이의 대응 관계를 표를 이용하여 알아보세요.

지우개의 수(개)	1	2	3	4	……
지우개의 가격(원)	500				……

2 □ 안에 알맞은 수를 써넣으세요.

(지우개의 수) × □ = (지우개의 가격)

[3~4] 개미의 수와 개미의 다리의 수 사이에는 어떤 대응 관계가 있는지 알아보려고 합니다. 물음에 답하세요.

3 개미의 수와 개미 다리의 수 사이의 대응 관계를 표를 이용하여 알아보세요.

개미의 수(마리)	1	2	3	4	5	……
다리의 수(개)	6					……

4 개미 다리의 수는 개미의 수의 몇 배인가요?

(　　　　　　　)

[5~6] 탁자의 수와 의자의 수 사이에는 어떤 대응 관계가 있는지 알아보려고 합니다. 물음에 답하세요.

5 탁자의 수와 의자의 수 사이의 대응 관계를 표를 이용하여 알아보세요.

탁자의 수(개)	1	2	3	4	5	……
의자의 수(개)	4					……

6 탁자의 수와 의자의 수 사이의 대응 관계를 써 보세요.

관계 _____

_____

[7~8] 오토바이의 수와 오토바이 바퀴의 수 사이의 대응 관계를 나타낸 표입니다. 물음에 답하세요.

오토바이의 수(대)	1	2	3	4	5	……
바퀴의 수(개)	2	4	6	8	10	……

7 표를 통해 알 수 있는 두 양 사이의 대응 관계를 식으로 나타내어 보세요.

식 _____

8 오토바이의 수를 ◆, 오토바이 바퀴의 수를 ●라고 할 때, ◆와 ● 사이의 대응 관계를 식으로 나타내어 보세요.

식 _____

3 단원

[9~11] 연도와 은수의 나이 사이의 대응관계를 나타낸 표입니다. 물음에 답하세요.

연도(년)	은수의 나이(살)
2014	14
2015	15
2016	
2017	
2018	
⋮	⋮

9 연도와 은수의 나이 사이의 대응 관계를 표를 이용하여 알아보세요.

10 연도와 은수의 나이 사이의 대응 관계를 식으로 나타내어 보세요.

식 _____

11 연도와 은수의 나이 사이의 대응 관계를 기호를 사용하여 식으로 나타내어 보세요.

연도: ☐
은수의 나이: ☐   →   ☐

12 꽃의 수(●)와 꽃잎의 수(▨) 사이의 대응 관계를 ●와 ▨를 사용한 식으로 나타내어 보세요.

 꽃 한 송이에 꽃잎이 6장이 되도록 만들어야지.

식 _____

13 트럭 한 대에 바퀴는 6개입니다. 대응 관계를 찾아 관계가 있는 것을 각각 기호로 나타내고, 식으로 나타내어 보세요.

서로 관계가 있는 두 양		
기호	바퀴 수	기호

식 _____

14 자전거 한 대에 2명씩 탈 수 있습니다. 자전거의 수와 자전거에 탈 수 있는 사람의 수 사이의 대응 관계를 2가지 방법으로 써 보세요.

 _____

_____

방법 2 _____

15 수지가 7이라고 말하면 민호는 9라고 답하고, 수지가 9라고 말하면 민호는 11이라고 답합니다. 또 수지가 5라고 말하면 민호는 7이라고 답하였습니다. 수지가 13이라고 말하면 민호는 몇이라고 답해야 하나요?

(   )

[16~18] 다음은 영화표의 수와 영화표의 가격 사이의 관계를 나타낸 표입니다. 물음에 답하세요.

영화표의 수(장)	1	2		4	5	……
영화표의 가격(원)	8000	16000	24000			……

16 영화표의 수와 영화표의 가격 사이의 대응관계를 표를 이용하여 알아보세요.

17 윤우와 친구들이 영화표를 10장 샀다면 영화표의 가격은 얼마인가요?

(   )

18 윤우와 친구들이 영화표를 사고 64000원을 냈다면 영화표를 몇 장 샀을까요?

(   )

19 오리의 다리는 2개입니다. 오리의 수와 오리의 다리의 수 사이의 대응 관계를 잘못 이야기한 친구를 찾아 이름을 쓰고, 옳게 고쳐 보세요.

> 현수: 오리의 수를 ■, 오리의 다리의 수를 ● 라고 할 때, 두 양 사이의 관계는 ■×2=●야.
>
> 혜진: 대응 관계를 나타낸 식 ▲÷2=★에서 ▲는 오리의 수, ★는 오리의 다리의 수를 나타내.

이름 ▸ _____

옳게 고치기 ▸ _____

_____

_____

_____

20 삼각형과 마름모로 규칙적인 배열을 만들고 있습니다. 삼각형이 10개일 때 마름모는 몇 개 필요한지 풀이 과정을 쓰고, 답을 구해 보세요.

   ……

풀이 ▸ _____

_____

_____

_____

답 ▸ _____

단원평가

[1~2] 육각형은 변이 6개인 도형입니다. 물음에 답하세요.

1 육각형의 수와 변의 수 사이의 대응 관계를 표를 이용하여 알아보세요.

육각형의 수(개)	1	2	3	4	5	……
변의 수(개)						……

2 ☐ 안에 알맞은 수를 써넣으세요.

- 육각형이 1개씩 늘어날 때마다 변은 ☐ 개씩 늘어납니다.
- 변의 수는 육각형의 수의 ☐ 배입니다.

[3~4] 도형의 배열을 보고 물음에 답하세요.

3 다음에 이어질 알맞은 모양을 그려 보세요.

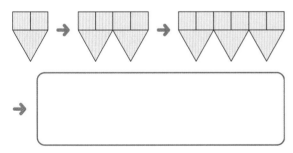

4 사각형의 수와 삼각형의 수 사이의 관계를 생각하며 ☐ 안에 알맞은 수를 써넣으세요.

사각형이 10개일 때 필요한 삼각형은 ☐ 개, 사각형이 20개일 때 필요한 삼각형은 ☐ 개입니다.

5 주머니 1개에 구슬을 5개씩 담고 있습니다. 표를 완성하고, 주머니의 수와 구슬 수 사이의 대응 관계를 써 보세요.

주머니의 수(개)	1	2	3	4	5	……
구슬 수(개)	5					……

관계

[6~7] 희주가 12살일 때 동생은 8살입니다. 물음에 답하세요.

6 희주의 나이와 동생의 나이 사이의 대응 관계를 표를 이용하여 알아보세요.

희수의 나이(살)	12	13	14	15	……
동생의 나이(살)	8				……

7 희주의 나이가 ▲(살)일 할 때 동생의 나이를 기호로 나타내고, 희주의 나이와 동생의 나이 사이의 대응 관계를 기호를 사용하여 식으로 나타내어 보세요.

동생의 나이 _____ (살)

식 _____

8 공책 20권을 두 사람이 모두 나누어 가지려고 합니다. 표를 완성하고, 지혜가 갖는 공책의 수와 민재가 갖는 공책의 수 사이의 대응 관계를 식으로 나타내어 보세요.

지혜의 공책 수(권)	5	7	10		……
민재의 공책 수(권)	15		10	6	……

식 _____

9 음료수의 수와 설탕의 양 사이의 대응 관계를 표를 이용하여 알아보았습니다. 잘못된 수에 ○표 하고, 알맞은 수를 구해 보세요.

 설탕 약 14g

음료수의 수(캔)	1	2	3	4	5	……
설탕의 양(g)	14	28	42	52	70	……

(   )

[10~11] 다음과 같이 색 테이프를 잘라 여러 도막으로 나누려고 합니다. 물음에 답하세요.

10 색 테이프를 자른 횟수와 도막의 수 사이의 대응 관계를 식으로 나타내어 보세요.

식 _____

11 색 테이프를 18도막으로 나누기 위해서는 몇 번을 잘라야 하나요?

(   )

12 모양 조각과 수 카드를 이용하여 대응 관계를 만들었습니다. 수 카드가 4일 때 삼각형은 몇 개인가요?

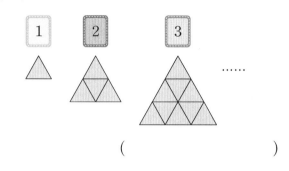

(   )

[13~15] 서울의 시각과 파리의 시각 사이의 대응 관계를 나타낸 표입니다. 물음에 답하세요.

서울의 시각	오전 10시	오전 11시	낮 12시	오후 1시	오후 2시	……
파리의 시각	오전 2시	오전 3시				……

13 서울과 파리의 시각 사이의 대응 관계를 알고 표를 완성하세요.

14 서울의 시각을 ●, 파리의 시각을 ◆라 할 때 ●와 ◆ 사이의 대응 관계를 식으로 나타내어 보세요.

식 _____

15 파리가 오전 10시일 때 서울의 시각을 구해 보세요.

(   )

서술형

16 대응 관계를 나타낸 식을 보고 식에 알맞은 상황을 만들어 보세요.

$$▲ × 12 = ★$$

상황 _____

_____

_____

[17~18] 성냥개비로 다음과 같이 정육각형을 만들었습니다. 물음에 답하세요.

17 정육각형의 수를 ▲, 성냥개비의 수를 ◆라 할 때 ▲와 ◆ 사이의 대응 관계를 식으로 나타내어 보세요.

식 _____

18 성냥개비 46개로 만들 수 있는 정육각형은 몇 개인가요?

(   )

19 바둑돌을 규칙적으로 늘어놓았습니다. 다섯째에 놓을 바둑돌은 몇 개인지 풀이 과정을 쓰고, 답을 구해 보세요.

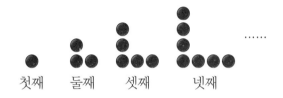

첫째   둘째   셋째   넷째

풀이 _____

_____

_____

_____

답 _____

20 어떤 상자에 5를 넣으면 10이 나오고, 3을 넣으면 6이 나옵니다. 또 7을 넣으면 14가 나옵니다. 이 상자에 어떤 수를 넣어 40이 나왔다면 넣은 수는 얼마인지 풀이 과정을 쓰고, 답을 구해 보세요.

풀이 _____

_____

_____

_____

답 _____

3
단원

시작은 어디일까?

색칠된 칸에서 출발하여 숫자만큼 화살표 방향으로 이동할 수 있습니다. 황금 열쇠를 찾으려면 어디부터 시작하면 좋을까요?

1 →	1 ↘	1 ←	1 ↓	1 →
1 ←	1 ↘	2 ←	2 ↘	1 ↓
2 ↖	2 →	🔑	1 ↖	3 ←
1 ↗	1 ↖	1 ↓	1 ↙	2 ↗
1 ←	3 ↗	2 ↖	1 ↑	1 ↖

4 약분과 통분

출발~.

이번에 배울 내용

• 크기가 같은 분수 알아보기 ⑴
• 크기가 같은 분수 알아보기 ⑵
• 분수를 간단하게 나타내기
• 분모가 같은 분수로 나타내기
• 분수의 크기 비교하기
• 분수와 소수의 크기 비교하기

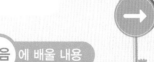

다음에 배울 내용

개념 익히기

① 크기가 같은 분수 알아보기 (1)

● 수직선으로 크기가 같은 분수 알아보기

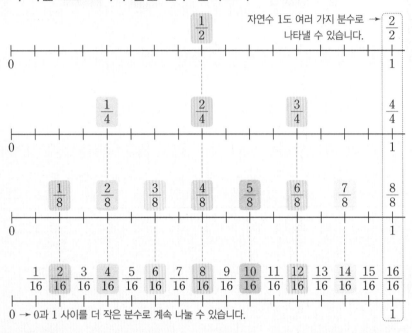

자연수 1도 여러 가지 분수로 나타낼 수 있습니다.

$$\frac{1}{8} = \frac{2}{16}$$ $$\frac{1}{4} = \frac{2}{8} = \frac{4}{16}$$ $$\frac{3}{8} = \frac{6}{16}$$ $$\frac{1}{2} = \frac{2}{4} = \frac{4}{8} = \frac{8}{16}$$

$$\frac{5}{8} = \frac{10}{16}$$ $$\frac{3}{4} = \frac{6}{8} = \frac{12}{16}$$ $$\frac{7}{8} = \frac{14}{16}$$

➔ 하나의 값을 여러 가지 분수로 나타낼 수 있습니다.

• 자연수

→ 1개

→ 2개

• 분수
 → $\frac{1}{2}$
 → $\frac{2}{4}$

자연수는 개수를 나타내고, 분수는 전체에 대한 부분의 크기를 나타냅니다.

먼저 생각해 봐요

[3−2 4. 분수]

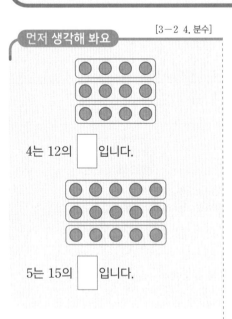

4는 12의 ☐ 입니다.

5는 15의 ☐ 입니다.

1 분수의 크기를 비교하려고 합니다. 물음에 답하세요.

(1) 분수만큼 아래부터 색칠해 보세요.

 $\frac{1}{4}$

 $\frac{2}{8}$

 $\frac{3}{12}$

(2) 분수의 크기를 비교하여 ◯ 안에 >, =, <를 알맞게 써넣으세요.

$$\frac{1}{4} \bigcirc \frac{2}{8} \bigcirc \frac{3}{12}$$

1 그림을 보고 ☐ 안에 알맞은 수를 써넣으세요.

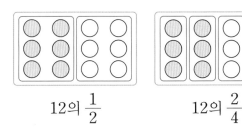

12의 $\dfrac{1}{2}$ 12의 $\dfrac{2}{4}$

$$\dfrac{1}{2} = \dfrac{\boxed{}}{4}$$

2 그림을 보고 ☐ 안에 알맞은 수를 써넣으세요.

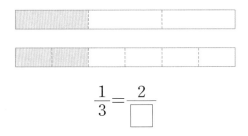

$$\dfrac{1}{3} = \dfrac{2}{\boxed{}}$$

3 세 분수 $\dfrac{3}{4}$, $\dfrac{6}{8}$, $\dfrac{9}{12}$ 의 크기를 비교하려고 합니다. 물음에 답하세요.

(1) 분수만큼 선을 그어 보세요.

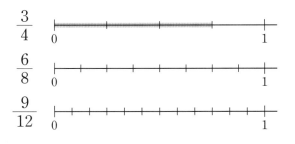

(2) 알맞은 말에 ◯표 하세요.

$\dfrac{3}{4}$, $\dfrac{6}{8}$, $\dfrac{9}{12}$ 는 크기가 (같은 , 다른) 분수 입니다.

4 분수만큼 색칠하고, 크기가 같은 분수를 써 보세요.

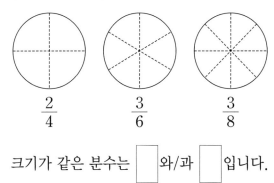

$\dfrac{2}{4}$ $\dfrac{3}{6}$ $\dfrac{3}{8}$

크기가 같은 분수는 ☐ 와/과 ☐ 입니다.

5 수직선에서 분수의 알맞은 위치를 찾아 선으로 이어 보세요.

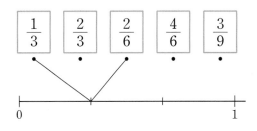

6 $\dfrac{2}{5}$ 와 크기가 같은 분수를 만들려고 합니다. 분모 에 맞게 선을 긋고, ☐ 안에 알맞은 수를 써넣으 세요.

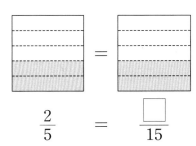

$$\dfrac{2}{5} = \dfrac{\boxed{}}{15}$$

② 크기가 같은 분수 알아보기 (2)

● 크기가 같은 분수 만들기

> 분모와 분자에 각각 0이 아닌 같은 수를 곱하면 크기가 같은 분수가 됩니다.
> └→ 크기가 같은 분수를 무수히 많이 만들 수 있습니다.

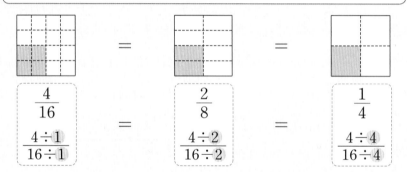

$$\frac{1}{2} = \frac{2}{4} = \frac{3}{6} = \frac{4}{8} = \cdots\cdots$$

$$\frac{1 \times 1}{2 \times 1} = \frac{1 \times 2}{2 \times 2} = \frac{1 \times 3}{2 \times 3} = \frac{1 \times 4}{2 \times 4} = \cdots\cdots$$

> 분모와 분자를 각각 0이 아닌 같은 수로 나누면 크기가 같은 분수가 됩니다.

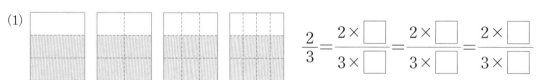

$$\frac{4}{16} = \frac{2}{8} = \frac{1}{4}$$

$$\frac{4 \div 1}{16 \div 1} = \frac{4 \div 2}{16 \div 2} = \frac{4 \div 4}{16 \div 4}$$

- 분모와 분자에 0을 곱하면 안되는 이유

$$\frac{1}{2} = \frac{1 \times 0}{2 \times 0} = \frac{0}{0}$$

$$\frac{1}{3} = \frac{1 \times 0}{3 \times 0} = \frac{0}{0}$$

$$\frac{1}{4} = \frac{1 \times 0}{4 \times 0} = \frac{0}{0}$$

위와 같은 오류가 생기므로 0을 곱하면 안됩니다.

- 분모와 분자를 0으로 나누면 안되는 이유

$$6 \div 2 = 3 \rightarrow \underset{3번}{6-2-2-2=0}$$

→ 나눗셈의 몫 3은 6이 0이 될 때까지 2를 뺄 수 있는 횟수를 뜻합니다.

$$6 \div 0 \rightarrow 6-0-0-0-\cdots\cdots$$

→ 6이 0이 될 때까지 0을 뺄 수 있는 횟수는 구할 수 없습니다.

---

1 그림을 보고 크기가 같은 분수가 되도록 ☐ 안에 알맞은 수를 써넣으세요.

(1)

$$\frac{2}{3} = \frac{2 \times \boxed{}}{3 \times \boxed{}} = \frac{2 \times \boxed{}}{3 \times \boxed{}} = \frac{2 \times \boxed{}}{3 \times \boxed{}}$$

(2)

$$\frac{16}{24} = \frac{16 \div \boxed{}}{24 \div \boxed{}} = \frac{16 \div \boxed{}}{24 \div \boxed{}} = \frac{16 \div \boxed{}}{24 \div \boxed{}}$$

1 □ 안에 알맞은 수를 써넣으세요.

(1)
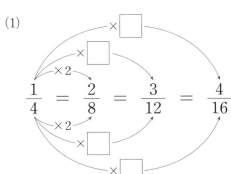

$$\frac{1}{4} = \frac{2}{8} = \frac{3}{12} = \frac{4}{16}$$

(2)
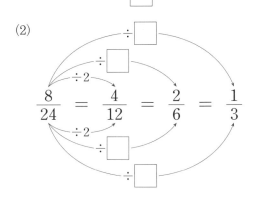

$$\frac{8}{24} = \frac{4}{12} = \frac{2}{6} = \frac{1}{3}$$

2 □ 안에 알맞은 수를 써넣으세요.

(1)
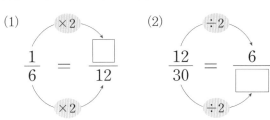

$$\frac{1}{6} = \frac{\boxed{}}{12}$$

(2)

$$\frac{12}{30} = \frac{6}{\boxed{}}$$

3 $\frac{18}{30}$과 크기가 같은 분수를 만들려고 합니다. 잘 못된 것을 찾아 기호를 써 보세요.

| ㉠ $\frac{18 \div 2}{30 \div 2}$ | ㉡ $\frac{18 \div 3}{30 \times 3}$ | ㉢ $\frac{18 \div 6}{30 \div 6}$ |

( )

4 □ 안에 알맞은 수를 써넣어 크기가 같은 분수를 만들어 보세요.

(1) $\frac{3}{5} = \frac{\boxed{}}{10} = \frac{9}{\boxed{}} = \frac{\boxed{}}{20}$

(2) $\frac{6}{24} = \frac{\boxed{}}{12} = \frac{2}{\boxed{}} = \frac{\boxed{}}{4}$

5 주어진 방법으로 크기가 같은 분수를 3개씩 만들어 보세요.

방법 1 분모와 분자에 각각 0이 아닌 수 곱하기

$$\boxed{\frac{2}{7}} \rightarrow \left(\right)$$

방법 2 분모와 분자를 각각 0이 아닌 수로 나누기

$$\boxed{\frac{18}{36}} \rightarrow \left(\right)$$

6 왼쪽 분수와 크기가 같은 분수에 ◯표 하세요.

(1) $\frac{5}{6}$ | $\frac{9}{12}$ | $\frac{15}{16}$ | $\frac{20}{24}$ |

(2) $\frac{12}{30}$ | $\frac{3}{15}$ | $\frac{4}{10}$ | $\frac{2}{6}$ |

③ 분수를 간단하게 나타내기

◉ 약분 알아보기

분모와 분자를 공약수로 나누어 간단히 하는 것을 약분한다고 합니다.

· $\frac{12}{18}$ 를 약분하기

① 분모와 분자의 공약수 구하기

$$6 \overline{)\begin{array}{cc} 12 & 18 \\ 2 & 3 \end{array}}$$ → 6의 약수: 1, 2, 3, 6

② 1을 제외한 공약수로 분모와 분자를 나누기 ┗→ 분모, 분자를 1로 나누면 자기 자신이 되므로 나눌 필요가 없습니다.

$$\frac{\overset{6}{\cancel{12}}}{\underset{9}{\cancel{18}}}{\overset{\div 2}{\div 2}} = \frac{6}{9}, \quad \frac{\overset{4}{\cancel{12}}}{\underset{6}{\cancel{18}}}{\overset{\div 3}{\div 3}} = \frac{4}{6}, \quad \frac{\overset{2}{\cancel{12}}}{\underset{3}{\cancel{18}}}{\overset{\div 6}{\div 6}} = \frac{2}{3}$$

→ 약분하면 분수의 크기는 변하지 않고, 분모와 분자만 작아집니다.

◉ 기약분수 알아보기

분모와 분자의 공약수가 1뿐인 분수를 기약분수라고 합니다.

· $\frac{16}{24}$ 을 기약분수로 나타내기 ┗→ 더 이상 약분할 수 없는 분수

① 분모와 분자의 최대공약수 구하기

$$8 \overline{)\begin{array}{cc} 16 & 24 \\ 2 & 3 \end{array}}$$ → 16과 24의 최대공약수: 8

② 최대공약수로 분모와 분자를 나누기

$$\frac{\overset{2}{\cancel{16}}}{\underset{3}{\cancel{24}}}{\overset{\div 8}{\div 8}} = \frac{2}{3}$$

분모와 분자의 공약수로 더 이상 나누어지지 않을 때까지 나누어 구할 수도 있습니다.

$$\rightarrow \frac{\overset{8}{\cancel{16}}}{\underset{12}{\cancel{24}}} = \frac{\overset{4}{\cancel{8}}}{\underset{6}{\cancel{12}}} = \frac{\overset{2}{\cancel{4}}}{\underset{3}{\cancel{6}}} = \frac{2}{3}$$

---

1 분모를 작게 하여 $\frac{12}{16}$ 와 크기가 같은 분수를 만들려고 합니다. 물음에 답하세요.

(1) 12와 16의 공약수를 구해 보세요.

(   )

(2) 12와 16의 최대공약수를 구해 보세요.

(   )

(3) 1을 제외한 공약수로 분모와 분자를 나누어 보세요.

$$\frac{12}{16} = \frac{12 \div \square}{16 \div 2} = \frac{\square}{\square}, \quad \frac{12}{16} = \frac{12 \div \square}{16 \div 4} = \frac{\square}{\square}$$

(4) $\frac{12}{16}$ 를 기약분수로 나타내어 보세요.

(   )

1 분수를 약분하려고 합니다. ☐ 안에 알맞은 수를 써넣으세요.

(1) $\dfrac{25}{30} = \dfrac{25 \div \boxed{}}{30 \div \boxed{}} = \dfrac{\boxed{}}{6}$

(2) $\dfrac{20}{24} = \dfrac{20 \div \boxed{}}{24 \div \boxed{}} = \dfrac{\boxed{}}{12}$

(3) $\dfrac{15}{48} = \dfrac{15 \div \boxed{}}{48 \div \boxed{}} = \dfrac{5}{\boxed{}}$

2 분수를 기약분수로 나타내려고 합니다. ☐ 안에 알맞은 수를 써넣으세요.

(1) $\dfrac{24}{32}$ $\begin{array}{c}\div\boxed{}\\\div 8\end{array}$ $= \boxed{}$

(2) $\dfrac{18}{27}$ $\begin{array}{c}\div\boxed{}\\\div 3\end{array}$ $= \boxed{}$

3 약분한 분수를 모두 써 보세요.

(1) $\dfrac{63}{81}$ → (   )

(2) $\dfrac{32}{40}$ → (   )

4 기약분수로 나타내어 보세요.

(1) $\dfrac{9}{12}$ → (   )

(2) $\dfrac{50}{75}$ → (   )

5 기약분수를 모두 찾아 ◯표 하세요.

| $\dfrac{8}{12}$ | $\dfrac{5}{7}$ | $\dfrac{13}{26}$ | $\dfrac{7}{9}$ | $\dfrac{6}{27}$ |

6 $\dfrac{54}{72}$를 약분할 때 분모와 분자를 나눌 수 없는 수는 어느 것인가요? .... (   )

① 2   ② 3   ③ 4
④ 6   ⑤ 9

7 분모가 6인 진분수 중에서 기약분수를 모두 써 보세요.

(   )

1 그림을 보고 크기가 같은 분수가 되도록 ☐ 안에 알맞은 수를 써넣으세요.

분모와 분자가 달라도 전체에 대한 부분의 크기가 같으면 크기가 같은 분수라고 할 수 있습니다.

$\dfrac{2}{3}$

$\dfrac{2\times\boxed{}}{3\times\boxed{}}=\boxed{}$

$\dfrac{2\times\boxed{}}{3\times\boxed{}}=\boxed{}$

2 $\dfrac{24}{36}$와 크기가 같은 분수를 모두 찾아 써 보세요.

크기가 같은 분수의 분자들의 합과 분모들의 합을 각각 분자, 분모로 하여 만든 분수도 크기가 같습니다.

$$\dfrac{1}{2}=\dfrac{2}{4}=\dfrac{3}{6}$$
$$\rightarrow \dfrac{1+2+3}{2+4+6}=\dfrac{6}{12}$$
$$\rightarrow \dfrac{1}{2}=\dfrac{6}{12}$$

| $\dfrac{12}{18}$ | $\dfrac{5}{6}$ | $\dfrac{38}{48}$ | $\dfrac{48}{72}$ | $\dfrac{6}{9}$ |

(   )

3 어떤 분수를 약분하였더니 $\dfrac{2}{5}$가 되었습니다. 어떤 분수가 될 수 있는 수를 3개 써 보세요.

(   )

서술형

4 $\frac{20}{28}$에 대해 바르게 설명한 것을 찾아 기호를 쓰고, 이유를 써 보세요.

> ㉠ $\frac{20}{28}$을 기약분수로 나타내면 $\frac{10}{14}$입니다.
>
> ㉡ $\frac{20}{28}$을 약분하여 만들 수 있는 분수는 2개입니다.
>
> ㉢ $\frac{20}{28}$을 20과 28의 공약수인 2로 나누면 기약분수로 나타낼 수 있습니다.

답 _____

이유 _____

_____

_____

5 분자가 20보다 크고 30보다 작은 분수 중에서 $\frac{2}{3}$와 크기가 같은 분수를 모두 써 보세요.

( )

주의

2보다 크고 5보다 작은 자연수
→ 3, 4
   2와 5는 포함되지 않습니다.

6 진분수 $\frac{\square}{8}$가 기약분수라고 할 때, $\square$ 안에 들어갈 수 있는 수는 모두 몇 개인가요?

( )

7 분자가 18인 진분수 중에서 약분하면 $\frac{3}{5}$이 되는 분수를 구해 보세요.

( )

개념 PLUS

분자가 3인 어떤 분수는 $\frac{3}{\square}$과 같이 나타낼 수 있습니다.

스스로
학습책
58쪽

4 분모가 같은 분수로 나타내기

○ 통분 알아보기

분수의 분모를 같게 하는 것을 통분한다고 하고, 통분한 분모를 공통분모라고 합니다.

방법 1 분모가 같은 분수끼리 짝 짓기

$$\frac{3}{4}=\frac{6}{8}=\frac{9}{12}=\frac{12}{16}=\frac{15}{20}=\frac{18}{24}=\frac{21}{28}=\frac{24}{32}=\cdots\cdots$$

$$\frac{5}{6}=\quad\frac{10}{12}=\quad\frac{15}{18}=\quad\frac{20}{24}=\quad\frac{25}{30}=\cdots\cdots$$

$$\left(\frac{3}{4},\frac{5}{6}\right)=\left(\frac{9}{12},\frac{10}{12}\right)=\left(\frac{18}{24},\frac{20}{24}\right)=\cdots\cdots \rightarrow 공통분모는 셀 수없이 많습니다.$$

$\underbrace{}_{\text{공통분모}}$

방법 2 두 분모의 곱을 공통분모로 하여 통분하기

$$\left(\frac{3}{4},\frac{5}{6}\right) \longrightarrow \left(\frac{3\times6}{4\times6},\frac{5\times4}{6\times4}\right) \longrightarrow \left(\frac{18}{24},\frac{20}{24}\right)$$

방법 3 두 분모의 최소공배수를 공통분모로 하여 통분하기

$\frac{3}{4}$과 $\frac{5}{6}$의 분모 $\longrightarrow$

$$4=2\times2$$
$$6=2\quad\times3$$
$$\overline{}$$

4와 6의 최소공배수 $\longrightarrow$ $12=2\times2\times3$

$\begin{array}{l}\frac{3}{4} \\ \frac{5}{6}\end{array}$ $\longrightarrow$
$\times3$ $\longrightarrow$ $\frac{3\times3}{4\times3}=\frac{9}{12}$
$\times2$ $\longrightarrow$ $\frac{5\times2}{6\times2}=\frac{10}{12}$

분모의 최소공배수는 가장 작은 공통분모입니다. $\leftarrow$

---

1 $\frac{1}{2}$과 $\frac{1}{3}$을 통분하려고 합니다. ☐ 안에 알맞은 수를 써넣으세요.

$$\frac{1}{2}=\frac{2}{4}=\frac{3}{6}=\frac{4}{8}=\frac{5}{10}=\frac{6}{12}=\frac{7}{14}=\frac{8}{16}=\frac{9}{18}=\cdots\cdots$$

$$\frac{1}{3}=\frac{2}{6}=\frac{3}{9}=\frac{4}{12}=\frac{5}{15}=\frac{6}{18}=\frac{7}{21}=\cdots\cdots$$

$$\left(\frac{3}{6},\frac{\square}{6}\right),\left(\frac{\square}{\square},\frac{4}{12}\right),\left(\frac{\square}{\square},\frac{\square}{\square}\right)\cdots\cdots이므로$$

이때 공통분모는 6, ☐, ☐ $\cdots\cdots$입니다.

왜 통분을 해야 할까요?

$\frac{3}{4}$, $\frac{5}{6}$와 같이 분모가 다른 두 분수는 크기를 비교하거나 계산을 하기 어렵습니다. 이때 통분으로 분모를 같게 만들면 쉽게 크기를 비교할 수 있고 계산할 수 있습니다.

정답과 해설 22쪽

1 분모를 같게 만들려고 합니다. 물음에 답하세요.

(1) 그림을 이용하여 분모를 같게 만들어 보세요.

$\dfrac{2}{3}$ 0   1 $\dfrac{\Box}{12}$

$\dfrac{1}{4}$ 0   1 $\dfrac{\Box}{12}$

(2) $\dfrac{2}{3}$와 $\dfrac{1}{4}$의 분모와 분자에 각각 같은 수를 곱하여 분모를 같게 만들어 보세요.

$$\dfrac{2}{3} = \dfrac{2 \times \Box}{3 \times \Box} = \dfrac{\Box}{12}$$

$$\dfrac{1}{4} = \dfrac{1 \times \Box}{4 \times \Box} = \dfrac{\Box}{12}$$

2 $\dfrac{1}{6}$과 $\dfrac{7}{8}$을 분모의 최소공배수를 공통분모로 하여 통분하려고 합니다. $\Box$ 안에 알맞은 수를 써넣으세요.

(1) 6과 8의 최소공배수는 $\Box$ 입니다.

(2) $\left(\dfrac{1}{6}, \dfrac{7}{8}\right) \rightarrow \left(\dfrac{1 \times \Box}{6 \times \Box}, \dfrac{7 \times \Box}{8 \times \Box}\right)$

$\rightarrow \left(\dfrac{\Box}{\Box}, \dfrac{\Box}{\Box}\right)$

3 $\left(\dfrac{5}{6}, \dfrac{2}{9}\right)$를 통분하려고 합니다. 공통분모가 될 수 있는 수를 가장 작은 수부터 차례로 3개 써 보세요.

(   )

4 두 분수를 주어진 공통분모로 통분해 보세요.

(1) $\left(\dfrac{3}{8}, \dfrac{7}{10}\right) = \left(\dfrac{\Box}{40}, \dfrac{\Box}{40}\right)$

(2) $\left(\dfrac{9}{14}, \dfrac{10}{21}\right) = \left(\dfrac{\Box}{42}, \dfrac{\Box}{42}\right)$

5 두 분모의 곱을 공통분모로 하여 통분해 보세요.

(1) $\left(\dfrac{1}{4}, \dfrac{3}{7}\right) \rightarrow \left($, $\right)$

(2) $\left(\dfrac{4}{5}, \dfrac{7}{9}\right) \rightarrow \left($, $\right)$

6 두 분모의 최소공배수를 공통분모로 하여 통분해 보세요.

(1) $\left(\dfrac{8}{9}, \dfrac{5}{12}\right) \rightarrow \left($, $\right)$

(2) $\left(\dfrac{7}{10}, \dfrac{11}{15}\right) \rightarrow \left($, $\right)$

스스로 학습책 59쪽

5 분수의 크기 비교하기

분모가 다른 두 분수의 크기 비교하기

통분하여 분모를 같게 한 다음 분자의 크기를 비교합니다.

• $\frac{1}{2}$과 $\frac{1}{3}$의 크기 비교

$$\left(\frac{1}{2}, \frac{1}{3}\right) \xrightarrow{\text{통분}} \left(\frac{3}{6}, \frac{2}{6}\right) \xrightarrow{\text{비교}} \frac{1}{2} > \frac{1}{3}$$

$$\left(\frac{1\times3}{2\times3}, \frac{1\times2}{3\times2}\right) \qquad \frac{3}{6} > \frac{2}{6}$$

분모가 다른 세 분수의 크기 비교하기

두 분수씩 차례로 통분하여 크기를 비교합니다.

• $\frac{2}{3}$, $\frac{4}{7}$, $\frac{5}{9}$의 크기 비교

$$\left(\frac{2}{3}, \frac{4}{7}\right) \xrightarrow{\text{통분}} \left(\frac{14}{21}, \frac{12}{21}\right) \xrightarrow{\text{비교}} \frac{2}{3} > \frac{4}{7}$$

$$\left(\frac{2}{3}, \frac{5}{9}\right) \xrightarrow{\text{통분}} \left(\frac{6}{9}, \frac{5}{9}\right) \xrightarrow{\text{비교}} \frac{2}{3} > \frac{5}{9}$$

$$\left(\frac{4}{7}, \frac{5}{9}\right) \xrightarrow{\text{통분}} \left(\frac{36}{63}, \frac{35}{63}\right) \xrightarrow{\text{비교}} \frac{4}{7} > \frac{5}{9}$$

$$\rightarrow \frac{2}{3} > \frac{4}{7} > \frac{5}{9}$$

먼저 생각해 봐요 [3-2 4. 분수]

(1) $\frac{3}{5} \bigcirc \frac{2}{5}$ (2) $\frac{1}{4} \bigcirc \frac{1}{5}$

$\frac{3}{10} \bigcirc \frac{7}{10}$ $\frac{1}{8} \bigcirc \frac{1}{11}$

1 $\frac{2}{3}$와 $\frac{3}{5}$의 크기를 비교하려고 합니다. 물음에 답하세요.

(1) ☐ 안에 알맞은 말을 써넣으세요.

> 분모가 다른 두 분수의 크기를 비교하려면 먼저 ☐하여
> 분모를 같게 한 다음 ☐의 크기를 비교합니다.

(2) 통분한 분수를 보고 ◯ 안에 >, =, <를 알맞게 써넣으세요.

$$\left(\frac{2}{3}, \frac{3}{5}\right) \rightarrow \left(\frac{10}{15}, \frac{9}{15}\right) \rightarrow \frac{2}{3} \bigcirc \frac{3}{5}$$

1 두 분수를 통분하여 크기를 비교하려고 합니다. 빈 곳에 알맞게 써넣으세요.

(1) $\left(\dfrac{3}{4}, \dfrac{2}{3}\right)$ → $\left(\dfrac{\square}{12}, \dfrac{\square}{12}\right)$ → $\dfrac{3}{4} \bigcirc \dfrac{2}{3}$

(2) $\left(\dfrac{5}{6}, \dfrac{7}{8}\right)$ → $\left(\dfrac{\square}{24}, \dfrac{\square}{24}\right)$

→ $\dfrac{5}{6} \bigcirc \dfrac{7}{8}$

2 세 분수 $\dfrac{2}{5}, \dfrac{5}{12}, \dfrac{3}{8}$ 의 크기를 비교하려고 합니다. 빈 곳에 알맞게 써넣으세요.

$\left(\dfrac{2}{5}, \dfrac{5}{12}\right)$ → $\left(\dfrac{\square}{60}, \dfrac{\square}{60}\right)$ → $\dfrac{2}{5} \bigcirc \dfrac{5}{12}$

$\left(\dfrac{3}{8}, \dfrac{5}{12}\right)$ → $\left(\dfrac{\square}{24}, \dfrac{\square}{24}\right)$ → $\dfrac{3}{8} \bigcirc \dfrac{5}{12}$

$\left(\dfrac{3}{8}, \dfrac{2}{5}\right)$ → $\left(\dfrac{\square}{40}, \dfrac{\square}{40}\right)$ → $\dfrac{3}{8} \bigcirc \dfrac{2}{5}$

따라서 크기가 큰 분수부터 차례로 쓰면

$\boxed{}$, $\boxed{}$, $\boxed{}$ 입니다.

3 분수의 크기를 비교하여 ◯ 안에 >, =, <를 알맞게 써넣으세요.

(1) $\dfrac{7}{9} \bigcirc \dfrac{5}{7}$ (2) $\dfrac{5}{8} \bigcirc \dfrac{9}{20}$

4 세 분수의 크기를 비교하여 ☐ 안에 알맞은 수를 써넣으세요.

(1) $\dfrac{13}{15}$ $\dfrac{9}{10}$ $\dfrac{11}{12}$

$\boxed{} < \boxed{} < \boxed{}$

(2) $\dfrac{4}{9}$ $\dfrac{7}{15}$ $\dfrac{2}{5}$

$\boxed{} < \boxed{} < \boxed{}$

5 크기를 바르게 비교한 것의 기호를 써 보세요.

ㄱ $\dfrac{4}{7} < \dfrac{4}{8}$ ㄴ $\dfrac{3}{10} < \dfrac{3}{5}$

(   )

6 우유 $\dfrac{3}{10}$ L와 주스 $\dfrac{5}{14}$ L 중 더 많은 것은 무엇인가요?

(   )

스스로 학습책 60쪽

6 분수와 소수의 크기 비교하기

○ 분수를 소수로 나타내는 방법 알아보기 $\frac{1}{10}=0.1,\ \frac{1}{100}=0.01,\ \frac{1}{1000}=0.001\cdots$이기 때문입니다.

분모가 10, 100, 1000⋯⋯인 수로 바꾸면 분수를 소수로 나타낼 수 있습니다.

$$\frac{1}{5}=\frac{1\times2}{5\times2}=\frac{2}{10}=0.2 \qquad \frac{1}{4}=\frac{1\times25}{4\times25}=\frac{25}{100}=0.25 \qquad \frac{1}{8}=\frac{1\times125}{8\times125}=\frac{125}{1000}=0.125$$

○ 분수와 소수의 크기 비교하기

방법 1 분수를 소수로 나타내기

$$\left(\frac{4}{5},\ 0.9\right)$$

↓ 분모가 10인 분수로 고치기

$$\left(\frac{8}{10},\ 0.9\right)$$

↓ 소수로 나타내기

$$(0.8,\ 0.9)$$

$$\rightarrow 0.8<0.9 \rightarrow \frac{4}{5}<0.9$$

방법 2 소수를 분수로 나타내기

$$\left(0.7,\ \frac{2}{5}\right)$$

↓ 분수로 나타내기

$$\left(\frac{7}{10},\ \frac{2}{5}\right)$$

↓ 통분

$$\left(\frac{7}{10},\ \frac{4}{10}\right)$$

$$\rightarrow \frac{7}{10}>\frac{4}{10} \rightarrow 0.7>\frac{2}{5}$$

1 $\frac{3}{5}$과 주어진 분수, 소수의 크기를 비교하려고 합니다. 물음에 답하세요.

(1) $\frac{3}{5}$과 $\frac{1}{2}$을 소수로 나타내어 크기를 비교해 보세요.

$$\left(\frac{3}{5},\ \frac{1}{2}\right) \longrightarrow \left(\frac{\boxed{}}{10},\ \frac{\boxed{}}{10}\right) \rightarrow (\boxed{},\ \boxed{})$$

$$\rightarrow \frac{3}{5}\ \bigcirc\ \frac{1}{2}$$

(2) $\frac{3}{5}$을 소수로 나타내어 $\frac{3}{5}$과 0.8의 크기를 비교해 보세요.

$$\left(\frac{3}{5},\ 0.8\right) \longrightarrow \left(\frac{\boxed{}}{10},\ 0.8\right) \longrightarrow (\boxed{},\ 0.8)$$

$$\rightarrow \boxed{}\ \bigcirc\ 0.8 \rightarrow \frac{3}{5}\ \bigcirc\ 0.8$$

소수로 나타낼 수 없는 분수도 있나요?

분모를 10, 100, 1000⋯⋯으로 만들 수 없는 분수는 소수로 나타낼 수 없습니다.

예 $\frac{1}{3},\ \frac{2}{7},\ \frac{5}{6},\ \frac{2}{9}$ 등

1 분수를 분모가 10, 100인 분수로 고치고, 소수로 나타내어 보세요.

(1) $\dfrac{3}{5} = \dfrac{3 \times 2}{5 \times \boxed{}} = \dfrac{\boxed{}}{\boxed{}} = \boxed{}$

(2) $\dfrac{14}{25} = \dfrac{14 \times \boxed{}}{25 \times \boxed{}} = \dfrac{\boxed{}}{\boxed{}} = \boxed{}$

2 $\dfrac{1}{5}$과 0.3의 크기를 비교하려고 합니다. 물음에 답하세요.

(1) 분수를 소수로 나타내어 크기를 비교해 보세요.

$$\left(\dfrac{1}{5},\ 0.3\right) \rightarrow \left(\dfrac{\boxed{}}{10},\ 0.3\right)$$
$$\rightarrow \left(\boxed{},\ 0.3\right)$$
$$\rightarrow \boxed{} \bigcirc \boxed{}$$
$$\rightarrow \dfrac{1}{5} \bigcirc 0.3$$

(2) 소수를 분수로 나타내어 크기를 비교해 보세요.

$$\left(\dfrac{1}{5},\ 0.3\right) \rightarrow \left(\dfrac{1}{5},\ \dfrac{\boxed{}}{10}\right)$$
$$\rightarrow \left(\dfrac{\boxed{}}{10},\ \dfrac{\boxed{}}{10}\right)$$
$$\rightarrow \dfrac{\boxed{}}{10} \bigcirc \dfrac{\boxed{}}{10}$$
$$\rightarrow \dfrac{1}{5} \bigcirc 0.3$$

3 분수를 소수로 나타내어 크기를 비교해 보세요.

(1) $\left(1.4,\ 1\dfrac{1}{2}\right) \rightarrow \left(1.4,\ \boxed{}\right)$
$$\rightarrow 1.4 \bigcirc 1\dfrac{1}{2}$$

(2) $\left(0.75,\ \dfrac{18}{60}\right) \rightarrow \left(0.75,\ \boxed{}\right)$
$$\rightarrow 0.75 \bigcirc \dfrac{18}{60}$$

4 두 수의 크기를 비교하여 ◯ 안에 >, =, <를 알맞게 써넣으세요.

(1) $1\dfrac{9}{25} \bigcirc 1.25$

(2) $\dfrac{8}{20} \bigcirc 0.62$

(3) $0.75 \bigcirc \dfrac{9}{12}$

5 세 수의 크기를 비교하여 ☐ 안에 크기가 작은 수부터 차례로 써넣으세요.

$$\left(2\dfrac{1}{4},\ 2.14,\ 2\dfrac{15}{20}\right)$$
$$\rightarrow \boxed{},\ \boxed{},\ \boxed{}$$

1 $\dfrac{5}{8}$와 $\dfrac{7}{12}$을 가장 작은 공통분모로 통분해 보세요.

(,   )

2 $\dfrac{11}{15}$보다 크고 $\dfrac{7}{9}$보다 작은 수를 찾아 기호를 써 보세요.

㉠ $\dfrac{32}{45}$	㉡ $\dfrac{33}{45}$	㉢ $\dfrac{34}{45}$	㉣ $\dfrac{35}{45}$

(   )

3 다음 설명 중 맞으면 ◯표 틀리면 ✕표 하세요.

(1) $\dfrac{3}{14}$과 $\dfrac{3}{11}$ 중 더 큰 분수는 $\dfrac{3}{11}$입니다.   (   )

(2) 분모의 크기가 같을 때는 분자의 크기가 작은 분수가 더 큰 분수입니다.   (   )

(3) 분모가 다른 분수는 분모와 분자에 어떤 수든 같은 수를 곱해서 통분한 후 크기를 비교합니다.   (   )

4 주어진 분수를 큰 수부터 차례로 쓰고 알맞은 말에 ◯표 하세요.

$\dfrac{3}{4}$	$\dfrac{4}{5}$	$\dfrac{5}{6}$	$\dfrac{6}{7}$

➜ 분모와 분자의 차가 같은 분수는 분모가 (클수록 , 작을수록) 큰 분수입니다.

개념 연결

진분수의 크기는 1과의 차를 이용하여 크기를 비교할 수 있습니다.

$$1-\dfrac{3}{4}=\dfrac{4}{4}-\dfrac{3}{4}=\dfrac{1}{4}$$
$$1-\dfrac{4}{5}=\dfrac{5}{5}-\dfrac{4}{5}=\dfrac{1}{5}$$

➜ $\dfrac{1}{4} > \dfrac{1}{5}$

➜ $\dfrac{3}{4} < \dfrac{4}{5}$

5 두 분수의 크기를 비교하여 더 큰 분수를 위의 ☐ 안에 써넣으세요.

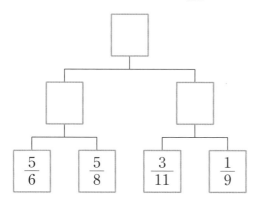

개념 PLUS

분자가 같은 진분수는 분모가 작을수록 큽니다.

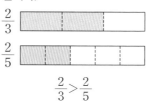

$$\frac{2}{3} > \frac{2}{5}$$

분모와 분자의 차가 같은 분수는 분모가 클수록 큰 수입니다.

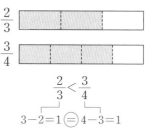

$$\frac{2}{3} < \frac{3}{4}$$

$$3-2=1 = 4-3=1$$

4 단원

6 우유를 가장 많이 마신 사람은 누구인가요?

나는 우유 한 팩의 $\frac{13}{25}$ 을 마셨어.

나는 우유 한 팩의 0.8을 마셨어.

나는 우유 한 팩의 $\frac{3}{5}$ 을 마셨어.

 민우

채아

준하

(   )

7 $\frac{5}{6}$ 는 $\frac{1}{48}$ 이 몇 개 모인 수와 같은가요?

(   )

개념 PLUS

$$\frac{\triangle}{\bullet} = \frac{\triangle \times \blacksquare}{\bullet \times \blacksquare}$$

스스로 학습책 63쪽

1 통분하기 전후의 분수 구하기

통분한 분수를 약분하면 통분하기 전 분수가 되요.

★ □ 안에 알맞은 수를 써넣으세요.

$$\left(\frac{5}{12}, \frac{3}{8} \right) \xrightarrow{\text{통분}} \left(\frac{\boxed{}}{24}, \frac{\boxed{}}{24} \right)$$

$$\left(\frac{10}{24}, \frac{9}{24} \right) \xrightarrow{\text{약분}} \left(\boxed{}, \boxed{} \right)$$

★
★ 어떤 두 기약분수를 통분하였더니 $\left(\frac{21}{30}, \frac{25}{30} \right)$가 되었습니다. 통분하기 전의 두 분수를 구해 보세요.

(,   )

2 조건에 맞는 공통분모의 개수 구하기

공통분모가 될 수 있는 수는 두 분모의 공배수예요.

★ $\frac{3}{10}$과 $\frac{3}{4}$을 통분할 때 공통분모가 될 수 있는 수를 모두 찾아 써 보세요.

| 10 | 16 | 20 | 24 | 40 |

(   )

★
★ 두 분수를 통분하려고 합니다. 공통분모가 될 수 있는 수 중에서 200보다 작은 수는 모두 몇 개인 가요?

$$\left(\frac{6}{10}, \frac{8}{15} \right)$$

(   )

3 분수의 크기 비교하기

분수를 통분하여 수직선에 나타내 보세요.

★ 두 분수를 수직선에 나타내고 1에 더 가까운 수를 쓰세요.

$$\frac{3}{4}, \frac{7}{8}$$

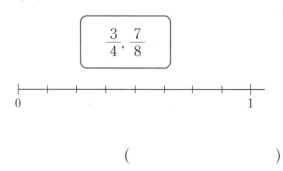

(   )

★
★ 다음 중 $\frac{3}{5}$에 가장 가까운 분수를 찾아 쓰세요.

| $\frac{3}{10}$ | $\frac{2}{5}$ | $\frac{1}{2}$ |

(   )

4 처음 분수 구하기

거꾸로 생각해서 어떤 분수를 구해요.

★ □ 안에 알맞은 수를 써넣으세요.

(1) $\dfrac{7}{\boxed{}+2}=\dfrac{7}{10}$

(2) $\dfrac{\boxed{}}{\boxed{}} = \dfrac{3}{5}$ (÷8, ÷8)

★
★ 어떤 분수의 분모에 5를 더하고 4로 약분하였더니 $\dfrac{5}{8}$가 되었습니다. 어떤 분수를 구해 보세요.

(   )

5 조건에 맞는 분수 구하기

분모와 분자에 0이 아닌 같은 수를 곱해가며 조건에 맞는 수를 구해요.

★ $\dfrac{2}{9}$와 크기가 같은 분수를 분모가 작은 것부터 차례로 3개 써 보세요.

(   )

★
★ $\dfrac{3}{4}$과 크기가 같은 분수 중에서 분모와 분자의 합이 35인 분수를 써 보세요.

(   )

6 □ 안에 들어갈 수 있는 수 구하기

분모를 통분한 다음 분자의 크기를 비교해요.

★ 1부터 9까지의 수 중에서 □ 안에 알맞은 수를 써넣으세요.

$\dfrac{2}{7} = \dfrac{\boxed{}}{14}$

$\dfrac{2}{7} > \dfrac{\boxed{}}{14}$

★
★ □ 안에 들어갈 수 있는 가장 작은 자연수를 구해 보세요.

$$\dfrac{13}{36} < \dfrac{\boxed{}}{24}$$

(   )

단원평가

1 두 분수 $\frac{2}{3}$와 $\frac{6}{9}$만큼 왼쪽부터 색칠하고, 알맞은 말에 ◯표 하세요.

$\frac{2}{3}$ 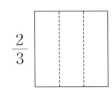　　$\frac{6}{9}$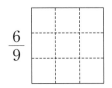

➜ $\frac{2}{3}$와 $\frac{6}{9}$은 크기가 (같은 , 다른) 분수입 니다.

2 □ 안에 알맞은 수를 써넣으세요.

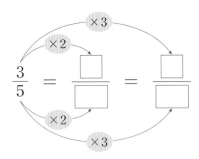

3 □ 안에 알맞은 수를 써넣어 크기가 같은 분수를 만들어 보세요.

$$\frac{3}{8} = \frac{\square}{16} = \frac{9}{\square} = \frac{\square}{32}$$

4 □ 안에 알맞은 수를 써넣으세요.

$$\frac{35}{42} = \frac{35 \div \square}{42 \div \square} = \frac{\square}{6}$$

5 $\frac{4}{7}$와 크기가 같은 분수를 모두 찾아 ◯표 하세요.

$$\frac{10}{14} \qquad \frac{24}{42} \qquad \frac{32}{56} \qquad \frac{15}{28}$$

6 기약분수를 모두 찾아 ◯표 하세요.

$$\frac{7}{19} \qquad \frac{7}{14} \qquad \frac{5}{12} \qquad \frac{10}{32} \qquad \frac{8}{15}$$

7 $\frac{7}{10}$, $\frac{9}{14}$를 70을 공통분모로 하여 통분해 보세요.

(　　　　　)

8 두 분모의 곱을 공통분모로 하여 통분해 보세요.

(1) $\left(\frac{2}{7}, \frac{7}{9} \right)$ ➜ $\left(\boxed{}, \boxed{} \right)$

(2) $\left(\frac{3}{4}, \frac{1}{8} \right)$ ➜ $\left(\boxed{}, \boxed{} \right)$

9 분모가 10인 진분수 중에서 기약분수를 모두 써 보세요.

( )

10 분수를 소수로 나타내어 크기를 비교해 보세요.

$$\left(\frac{4}{5}, \frac{7}{10}\right) \longrightarrow (\boxed{}, 0.7)$$

➡ $\boxed{}$ ◯ 0.7 ➡ $\frac{4}{5}$ ◯ $\frac{7}{10}$

11 $\frac{24}{36}$ 를 약분하려고 합니다. 분모와 분자를 약분할 수 없는 수는 어느 것인가요?……( )

① 2   ② 3   ③ 4
④ 6   ⑤ 9

12 $\frac{1}{6}$ 과 $\frac{3}{10}$ 을 통분하려고 합니다. 공통분모가 될수 없는 수를 찾아 쓰세요.

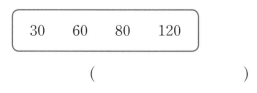

| 30 | 60 | 80 | 120 |

( )

13 두 수의 크기를 비교해 보세요.

(1) $\frac{5}{9}$ ◯ $\frac{7}{12}$ (2) 0.5 ◯ $\frac{9}{20}$

4 단원

14 두 분수의 크기를 비교하여 더 큰 분수를 위쪽의 □ 안에 써넣으세요.

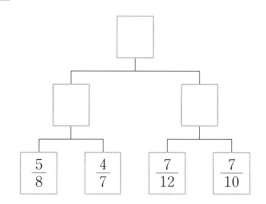

$\frac{5}{8}$ $\frac{4}{7}$ $\frac{7}{12}$ $\frac{7}{10}$

15 분모가 72인 진분수 중에서 약분하면 $\frac{5}{6}$ 가 되는 분수를 써 보세요.

( )

16 $\frac{4}{7}$와 크기가 같은 분수 중에서 분모와 분자의 합이 55인 분수를 써 보세요.

(   )

17 □ 안에 들어갈 수 있는 자연수를 모두 구해 보세요.

$$\frac{2}{5} < \frac{\square}{4} < \frac{9}{10}$$

(   )

18 서윤이네 집에서 학교까지의 거리는 $\frac{5}{7}$ km, 문구점까지의 거리는 0.7 km, 은행까지의 거리는 $\frac{9}{14}$ km입니다. 서윤이네 집에서 가장 가까운 곳은 어디일까요?

(   )

19 $\left(\frac{5}{8}, \frac{3}{10} \right)$을 가장 작은 수를 공통분모로 하여 통분하려고 합니다. 풀이 과정을 쓰고, 답을 구하세요.

풀이 _____

_____

_____

답 _____

20 수 카드를 사용하여 $\frac{5}{12}$와 크기가 같은 분수를 만들려고 합니다. 수 카드 중 ㉠과 ㉡에 들어갈 알맞은 수를 찾고, 그 이유를 써 보세요.

$$\frac{5}{12} = \frac{㉠}{㉡}$$

| 24 | 15 | 8 | 20 | 36 |

알맞은 수   ㉠ _____ , ㉡ _____

이유 _____

_____

_____

단원평가

1 분수만큼 색칠하고, 크기가 같은 분수에 ◯표 하세요.

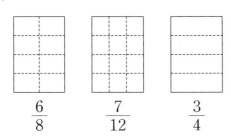

$\dfrac{6}{8}$ $\dfrac{7}{12}$ $\dfrac{3}{4}$

2 ☐ 안에 알맞은 수를 써넣으세요.

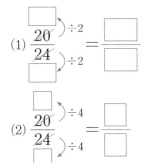

(1) $\dfrac{20}{24}$

(2) $\dfrac{20}{24}$

3 기약분수로 나타내어 보세요.

(1) $\dfrac{33}{55}$ (2) $\dfrac{32}{40}$

4 분수를 분모가 10, 100인 분수로 고치고, 소수로 나타내어 보세요.

(1) $\dfrac{2}{5} = \dfrac{2 \times \boxed{}}{5 \times 2} = \dfrac{\boxed{}}{\boxed{}} = \boxed{}$

(2) $\dfrac{1}{4} = \dfrac{1 \times \boxed{}}{4 \times \boxed{}} = \dfrac{\boxed{}}{\boxed{}} = \boxed{}$

5 크기가 같은 분수를 찾아 선으로 이어 보세요.

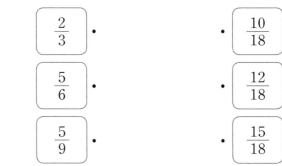

$\dfrac{2}{3}$ ·   · $\dfrac{10}{18}$

$\dfrac{5}{6}$ ·   · $\dfrac{12}{18}$

$\dfrac{5}{9}$ ·   · $\dfrac{15}{18}$

6 $\dfrac{36}{42}$을 약분할 수 있는 자연수를 모두 써 보세요.

(   )

7 $\dfrac{32}{40}$를 분모와 분자에 각각 0이 아닌 수로 나누어 크기가 같은 분수를 만들려고 합니다. 분모가 가장 작은 것부터 모두 써 보세요.

(   )

8 $\dfrac{5}{6}$와 $\dfrac{7}{12}$을 통분할 때, 공통분모가 될 수 있는 수를 가장 작은 수부터 3개 써 보세요.

(   )

9 두 분모의 최소공배수를 공통분모로 하여 통분해 보세요.

$$\left(\frac{5}{12}, \frac{9}{16}\right) \rightarrow \left(\qquad , \qquad\right)$$

10 $\left(\frac{1}{6}, \frac{3}{8}\right)$을 잘못 통분한 것은 어느 것인가요?

·· (　　　)

① $\left(\frac{4}{24}, \frac{9}{24}\right)$　　　② $\left(\frac{12}{72}, \frac{27}{72}\right)$

③ $\left(\frac{8}{48}, \frac{18}{48}\right)$　　　④ $\left(\frac{16}{96}, \frac{38}{96}\right)$

⑤ $\left(\frac{20}{120}, \frac{45}{120}\right)$

11 두 분수의 크기를 비교하여 ◯ 안에 >, =, < 를 알맞게 써넣으세요.

(1) $\frac{4}{9}$ ◯ $\frac{4}{7}$　　　(2) $\frac{17}{18}$ ◯ $\frac{18}{19}$

12 바르게 설명한 것에 ◯표, 잘못 설명한 것에 ✕표 하세요.

(1) $\frac{24}{56}$를 약분한 분수는 모두 4개입니다.

(　　　)

(2) $\frac{12}{42}$를 기약분수로 나타내면 $\frac{2}{7}$입니다.

(　　　)

(3) $\frac{12}{30}$를 약분한 분수 중 분모와 분자가 두 번째로 큰 수는 $\frac{4}{10}$입니다.

(　　　)

13 분수와 소수의 크기를 비교하여 가장 큰 수를 써 보세요.

$$\boxed{\quad \frac{6}{10} \qquad 0.54 \qquad \frac{11}{25} \qquad \frac{3}{4} \quad}$$

(　　　)

14 분모가 40보다 크고 60보다 작은 분수 중에서 $\frac{4}{9}$와 크기가 같은 분수를 모두 써 보세요.

(　　　)

5 분수의 덧셈과 뺄셈

출발~.

이번 에 배울 내용

- 분모가 다른 분수의 덧셈 계산하기 (1)
- 분모가 다른 분수의 덧셈 계산하기 (2)
- 분모가 다른 분수의 덧셈 계산하기 (3)
- 분모가 다른 분수의 뺄셈 계산하기 (1)
- 분모가 다른 분수의 뺄셈 계산하기 (2)
- 분모가 다른 분수의 뺄셈 계산하기 (3)

다음 에 배울 내용

[5-2] 2. 분수의 곱셈
[6-1] 1. 분수의 나눗셈

① 분모가 다른 분수의 덧셈 계산하기 (1)

◎ 받아올림이 없는 진분수의 덧셈 알아보기

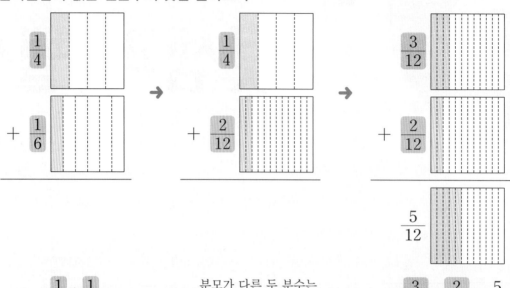

$$\frac{1}{4}+\frac{1}{6}=$$
분모가 다른 두 분수는 분모를 같게 하여 분자끼리 더합니다.
$$\frac{3}{12}+\frac{2}{12}=\frac{5}{12}$$

◎ 분모를 통분하여 더하는 방법 알아보기

방법 1 분모의 곱으로 통분하여 계산하기

$$\frac{1}{4}+\frac{1}{6}=\frac{1\times6}{4\times6}+\frac{1\times4}{6\times4}$$
$$=\frac{6}{24}+\frac{4}{24}$$
$$=\frac{10}{24}=\frac{5}{12}$$

→ 공통분모를 쉽게 구할 수 있지만 계산이 복잡합니다.

방법 2 분모의 최소공배수로 통분하여 계산하기

$$\frac{1}{4}+\frac{1}{6}=\frac{1\times3}{4\times3}+\frac{1\times2}{6\times2}$$
→ 4와 6의 최소공배수: 12
$$=\frac{3}{12}+\frac{2}{12}$$
$$=\frac{5}{12}$$

→ 최소공배수를 구하는 과정이 필요하지만 계산이 간단합니다.

[4−2 1. 분수의 덧셈과 뺄셈]
[5−1 4. 약분과 통분]

먼저 생각해 봐요

(1) $\frac{2}{5}+\frac{1}{5}=\boxed{}$ (2) $\frac{3}{8}+\frac{4}{8}=\boxed{}$

▶ 분모는 그대로 두고 분자끼리 더합니다.

(3) $\frac{1}{2}=\frac{\boxed{}}{4}=\frac{\boxed{}}{6}=\frac{\boxed{}}{8}=\frac{\boxed{}}{10}$

▶ 분모와 분자에 0이 아닌 같은 수를 곱하면 크기가 같은 분수를 만들 수 있습니다.

1 그림에 $\frac{2}{3}+\frac{1}{6}$ 만큼 색칠하고, □ 안에 알맞은 수를 써넣으세요.

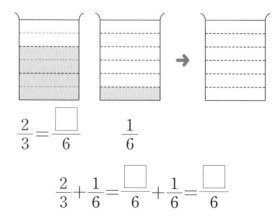

$$\frac{2}{3}=\frac{\boxed{}}{6} \qquad \frac{1}{6}$$

$$\frac{2}{3}+\frac{1}{6}=\frac{\boxed{}}{6}+\frac{1}{6}=\frac{\boxed{}}{6}$$

1 다음을 보고 계산해 보세요.

$$\frac{2}{5}=\frac{4}{10}=\frac{6}{15}=\frac{8}{20}=\frac{10}{25}=\cdots\cdots$$

$$\frac{1}{3}=\frac{2}{6}=\frac{3}{9}=\frac{4}{12}=\frac{5}{15}=\frac{6}{18}=\cdots\cdots$$

$$\frac{2}{5}+\frac{1}{3}$$ _____

2 ☐ 안에 알맞은 수를 써넣으세요.

$$\frac{1}{4}+\frac{4}{9}=\frac{1\times\boxed{}}{4\times9}+\frac{4\times\boxed{}}{9\times4}$$

$$=\frac{\boxed{}}{36}+\frac{\boxed{}}{36}=\boxed{}$$

3 분모의 최소공배수로 통분하여 계산해 보세요.

$$\frac{5}{6}+\frac{1}{9}$$ _____

_____

4 ☐ 안에 알맞은 수를 써넣으세요.

$$\frac{1}{5}+\frac{3}{8}=\frac{\boxed{}}{40}+\frac{\boxed{}}{40}=\frac{\boxed{}}{40}$$

5 계산해 보세요.

(1) $\dfrac{1}{2}+\dfrac{1}{3}$

$\dfrac{1}{4}+\dfrac{1}{5}$

$\dfrac{1}{6}+\dfrac{1}{7}$

(2) $\dfrac{1}{6}+\dfrac{1}{8}$

$\dfrac{1}{6}+\dfrac{2}{8}$

$\dfrac{1}{6}+\dfrac{3}{8}$

6 계산 결과를 비교하여 ◯ 안에 >, =, <를 알맞게 써넣으세요.

$$\frac{1}{4}+\frac{2}{7} \bigcirc \frac{2}{4}+\frac{1}{7}$$

7 다음 중 계산 결과가 다른 것은 어느 것인가요?

( )

① $\dfrac{3}{8}+\dfrac{5}{12}$

② $\dfrac{36}{96}+\dfrac{40}{96}$

③ $\dfrac{3}{24}+\dfrac{5}{24}$

④ $\dfrac{5}{12}+\dfrac{3}{8}$

⑤ $\dfrac{9}{24}+\dfrac{10}{24}$

8 바르게 계산한 것에 ◯표 하세요.

1. $\dfrac{1}{3}+\dfrac{3}{8}=\dfrac{4}{11}$

2. $\dfrac{1}{4}+\dfrac{1}{7}=\dfrac{11}{28}$

② 분모가 다른 분수의 덧셈 계산하기 (2)

◦ 받아올림이 있는 진분수의 덧셈 알아보기

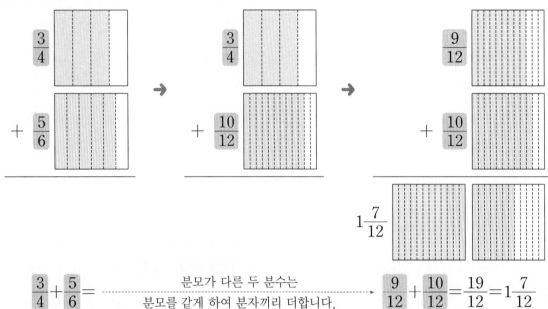

$$\frac{3}{4}+\frac{5}{6}= \quad\text{분모가 다른 두 분수는}\quad \frac{9}{12}+\frac{10}{12}=\frac{19}{12}=1\frac{7}{12}$$
분모를 같게 하여 분자끼리 더합니다.

◦ 분모를 통분하여 더하는 방법 알아보기

방법 1 분모의 곱으로 통분하여 계산하기

$$\frac{3}{4}+\frac{5}{6}=\frac{3\times6}{4\times6}+\frac{5\times4}{6\times4}$$
$$=\frac{18}{24}+\frac{20}{24}$$
$$=\frac{\overset{19}{\cancel{38}}}{\underset{12}{\cancel{24}}}=\frac{19}{12}=1\frac{7}{12}$$

→ 공통분모를 쉽게 구할 수 있지만 계산이 복잡합니다.

방법 2 분모의 최소공배수로 통분하여 계산하기

$$\frac{3}{4}+\frac{5}{6}=\frac{3\times3}{4\times3}+\frac{5\times2}{6\times2}$$
→ 4와 6의 최소공배수: 12
$$=\frac{9}{12}+\frac{10}{12}$$
$$=\frac{19}{12}=1\frac{7}{12}$$

→ 최소공배수를 구하는 과정이 필요하지만 계산이 간단합니다.

먼저 생각해 봐요 [3-2 4. 분수]

(1) $\dfrac{7}{4}=\boxed{}\dfrac{\boxed{}}{4}$

(2) $\dfrac{9}{4}=\boxed{}\dfrac{\boxed{}}{4}$

▶ 자연수와 진분수로 이루어진 분수를 대분수라고 합니다.

1 그림에 $\dfrac{1}{2}+\dfrac{3}{4}$ 만큼 색칠하고, □ 안에 알맞은 수를 써넣으세요.

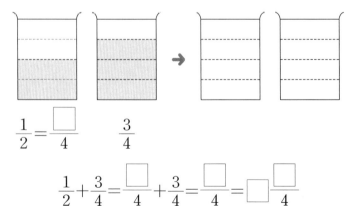

$\dfrac{1}{2}=\dfrac{\boxed{}}{4}$ 　　 $\dfrac{3}{4}$

$$\frac{1}{2}+\frac{3}{4}=\frac{\boxed{}}{4}+\frac{3}{4}=\frac{\boxed{}}{4}=\boxed{}\frac{\boxed{}}{4}$$

1 □ 안에 알맞은 수를 써넣으세요.

$$\frac{4}{7}+\frac{5}{8}=\frac{4\times\square}{7\times\square}+\frac{5\times\square}{8\times\square}$$

$$=\frac{\square}{56}+\frac{\square}{56}$$

$$=\frac{\square}{56}=\square\frac{\square}{56}$$

2 $\frac{1}{4}+\frac{5}{6}$ 를 두 가지 방법으로 통분하여 계산해 보세요.

방법 1 분모의 곱으로 통분하기

_____

_____

방법 2 분모의 최소공배수로 통분하기

_____

_____

3 □ 안에 알맞은 수를 써넣으세요.

(1) $\frac{3}{4}+\frac{4}{5}=\frac{\square}{20}+\frac{\square}{20}=\frac{\square}{20}=\square$

(2) $\frac{4}{9}+\frac{5}{6}=\frac{\square}{18}+\frac{\square}{18}=\frac{\square}{18}=\square$

4 계산해 보세요.

(1) $\frac{3}{4}+\frac{3}{7}$

$\frac{3}{4}+\frac{4}{7}$

(2) $\frac{7}{8}+\frac{1}{5}$

$\frac{7}{8}+\frac{2}{5}$

5 처음 잘못 계산한 부분을 찾아 ○표 하고, 바르게 고쳐 계산해 보세요.

$$\frac{7}{11}+\frac{2}{3}=\frac{7\times3}{11\times3}+\frac{2\times7}{3\times11}=\frac{21}{33}+\frac{14}{33}$$

$$=\frac{35}{33}=1\frac{2}{33}$$

$\frac{7}{11}+\frac{2}{3}$ _____

_____

6 계산 결과를 비교하여 ○ 안에 >, =, <를 알맞게 써넣으세요.

(1) $\frac{1}{4}+\frac{5}{12}\bigcirc\frac{1}{3}+\frac{5}{12}$

(2) $\frac{1}{2}+\frac{6}{7}\bigcirc\frac{1}{2}+\frac{5}{6}$

③ 분모가 다른 분수의 덧셈 계산하기 (3)

● 받아올림이 있는 대분수의 덧셈 알아보기

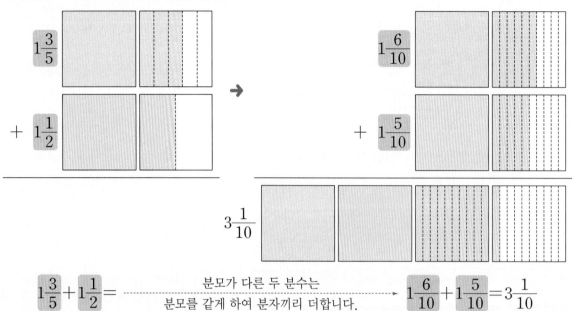

$1\frac{3}{5}+1\frac{1}{2}=$ —— 분모가 다른 두 분수는 분모를 같게 하여 분자끼리 더합니다. —→ $1\frac{6}{10}+1\frac{5}{10}=3\frac{1}{10}$

● 대분수의 덧셈 방법 알아보기

방법 1 자연수끼리, 분수끼리 더하기

$$1\frac{3}{5}+1\frac{1}{2}$$

$$=1\frac{6}{10}+1\frac{5}{10} \quad \boxed{통분}$$

$$=2\frac{11}{10} \quad \boxed{더하기}$$

$$=3\frac{1}{10} \quad \boxed{대분수로}$$

방법 2 가분수로 나타내어 더하기

$$1\frac{3}{5}+1\frac{1}{2}$$

$$=\frac{8}{5}+\frac{3}{2} \quad \boxed{가분수로}$$

$$=\frac{16}{10}+\frac{15}{10} \quad \boxed{통분}$$

$$=\frac{31}{10} \quad \boxed{더하기}$$

$$=3\frac{1}{10} \quad \boxed{대분수로}$$

먼저 생각해 봐요

[4−2 1. 분수의 덧셈과 뺄셈]

$$1\frac{2}{7}=\boxed{}+\frac{2}{7}$$

$$+\Big)\quad 2\frac{3}{7}=\boxed{}+\frac{3}{7}$$

$$1\frac{2}{7}+2\frac{3}{7}=\boxed{}+\frac{5}{7}$$

$$=\boxed{}$$

1 그림에 알맞게 색칠하고, ☐ 안에 알맞은 수를 써넣으세요.

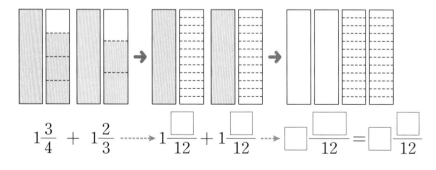

$$1\frac{3}{4} \ + \ 1\frac{2}{3} \dashrightarrow 1\frac{\boxed{}}{12}+1\frac{\boxed{}}{12} \dashrightarrow \boxed{}\frac{\boxed{}}{12}=\boxed{}\frac{\boxed{}}{12}$$

1 □ 안에 알맞은 수를 써넣고, 분수의 덧셈을 해 보세요.

(1)

$$1\frac{1}{3}=1+\frac{\square}{12}$$

$$+\ )\ 1\frac{3}{4}=1+\frac{\square}{12}$$

$$1\frac{2}{3}+1\frac{3}{4}=2+\frac{\square}{12}=\boxed{}$$

(2)

$$1\frac{5}{6}=1+\frac{\square}{24}$$

$$+\ )\ 2\frac{5}{8}=2+\frac{\square}{24}$$

$$1\frac{5}{6}+2\frac{5}{8}=3+\frac{\square}{24}=\boxed{}$$

2 □ 안에 알맞은 수를 써넣으세요.

$$2\frac{5}{7}+1\frac{2}{5}=\frac{\square}{7}+\frac{\square}{5}$$

$$=\frac{\square}{35}+\frac{\square}{35}$$

$$=\frac{\square}{35}=\boxed{}$$

3 대분수를 가분수로 나타내어 계산하기 편리한 식에 ○표 하세요.

$$\boxed{52\frac{2}{9}+48\frac{4}{5}}$$ $$\boxed{1\frac{2}{9}+1\frac{4}{5}}$$

(   )   (   )

4 계산해 보세요.

(1) $\dfrac{5}{8}+\dfrac{2}{3}$

   $1\dfrac{5}{8}+\dfrac{2}{3}$

   $1\dfrac{5}{8}+1\dfrac{2}{3}$

(2) $1\dfrac{1}{9}+1\dfrac{1}{12}$

   $2\dfrac{1}{9}+2\dfrac{1}{12}$

   $3\dfrac{1}{9}+3\dfrac{1}{12}$

5 다음 중 계산 결과가 다른 것은 어느 것인가요?

 (   )

① $1\dfrac{3}{7}+2\dfrac{1}{4}$ ② $\dfrac{9}{4}+1\dfrac{3}{7}$

③ $\dfrac{10}{7}+\dfrac{9}{4}$ ④ $1\dfrac{1}{7}+2\dfrac{3}{4}$

⑤ $1+2+\dfrac{3}{7}+\dfrac{1}{4}$

6 다음 중 계산 결과가 1보다 크고 3보다 작은 식의 기호를 써 보세요.

$$\boxed{\ \ ㉠\ 1\frac{3}{14}+1\frac{2}{21}\qquad ㉡\ 1\frac{3}{14}+2\frac{2}{21}\ \ }$$

(   )

1 다음 중 합이 1보다 큰 것은 어느 것인가요?　　　　(　　　)

① $\dfrac{3}{7}+\dfrac{1}{2}$　　　　　　　② $\dfrac{1}{4}+\dfrac{7}{11}$

③ $\dfrac{3}{10}+\dfrac{3}{8}$　　　　　　④ $\dfrac{7}{9}+\dfrac{1}{4}$

⑤ $\dfrac{3}{13}+\dfrac{2}{3}$

2 □ 안에 알맞은 수를 써넣으세요.

(1) $\dfrac{\boxed{}}{7}+\dfrac{\boxed{}}{9}=\dfrac{18}{63}+\dfrac{21}{63}=\dfrac{39}{63}$

(2) $1\dfrac{\boxed{}}{14}+2\dfrac{\boxed{}}{10}=1\dfrac{15}{70}+2\dfrac{49}{70}=3\dfrac{64}{70}=3\dfrac{32}{35}$

> **개념 PLUS**
> 통분한 분수를 약분하면 통분하기 전
> 의 분수를 알 수 있습니다.

3 덧셈을 하여 □ 안에 알맞은 분수를 써넣고, ㉠에 들어갈 수 있는 가장 작은 자연수를 구해 보세요.

$$3\dfrac{1}{2}+2\dfrac{3}{7}=\boxed{}$$

$$3\dfrac{1}{2}+2\dfrac{3}{7}<\quad㉠$$

(　　　　　　　)

4 혜성이는 시장에서 소금을 $\dfrac{1}{3}$ kg, 설탕을 $\dfrac{3}{13}$ kg 샀습니다. 혜성이가 산 소금과 설탕의 무게는 모두 몇 kg인지 구해 보세요.

(　　　　　　　)

5 두 가지 색을 각각 칸을 똑같게 나누어 칠한 것입니다. 전체에 대한 색칠한 부분의 크기를 분수로 나타내어 보세요.

개념 PLUS

전체에 대한 색칠된 부분을 각각 분수로 나타냅니다.

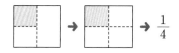

(1)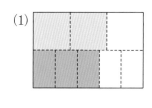

(2)

(   )   (   )

6 수아네 집에서 서점에 가려면 기차역을 지나야 합니다. 수아는 집에서 서점까지의 거리가 $3\,\text{km}$보다 가까우면 자전거를 타고 가고, $3\,\text{km}$보다 멀면 버스를 타고 가려고 합니다. 물음에 답하세요.

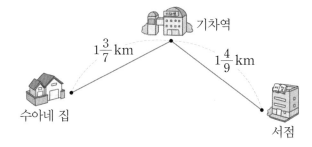

(1) ◯ 안에 $>$, $=$, $<$를 알맞게 써넣으세요.

$$1\frac{3}{7}+1\frac{4}{9} \bigcirc 3$$

(2) 수아는 무엇을 타고 서점에 가나요?

(   )

7 현주는 수영을 $\frac{3}{5}$시간 동안 하고, 자전거를 1시간 10분 탔습니다. 현주가 운동을 한 시간은 모두 몇 시간인지 분수로 구해 보세요.

(   )

개념 PLUS

60분=1시간

30분=$\frac{1}{2}$시간

20분=$\frac{1}{3}$시간

스스로 학습책 76쪽

4 분모가 다른 분수의 뺄셈 계산하기 (1)

● 받아내림이 없는 진분수의 뺄셈 알아보기

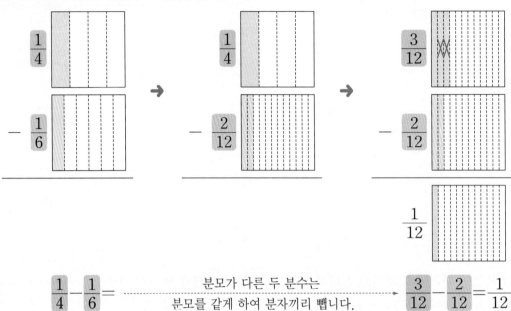

$\dfrac{1}{4} - \dfrac{1}{6} = $ ————— 분모가 다른 두 분수는 ————→ $\dfrac{3}{12} - \dfrac{2}{12} = \dfrac{1}{12}$
분모를 같게 하여 분자끼리 뺍니다.

● 분모를 통분하여 빼는 방법 알아보기

방법 1 분모의 곱으로 통분하여 계산하기	방법 2 분모의 최소공배수로 통분하여 계산하기
$\dfrac{1}{4} - \dfrac{1}{6} = \dfrac{1\times6}{4\times6} - \dfrac{1\times4}{6\times4}$	$\dfrac{1}{4} - \dfrac{1}{6} = \dfrac{1\times3}{4\times3} - \dfrac{1\times2}{6\times2}$
$= \dfrac{6}{24} - \dfrac{4}{24}$	└→ 4와 6의 최소공배수: 12
$= \dfrac{2}{24} = \dfrac{1}{12}$	$= \dfrac{3}{12} - \dfrac{2}{12}$
	$= \dfrac{1}{12}$
└→ 공통분모를 쉽게 구할 수 있지만 계산이 복잡합니다.	└→ 최소공배수를 구하는 과정이 필요하지만 계산이 간단합니다.

[4-2 1. 분수의 덧셈과 뺄셈]

먼저 생각해 봐요

(1) $\dfrac{2}{5} - \dfrac{1}{5} = \boxed{}$

(2) $\dfrac{5}{8} - \dfrac{2}{8} = \boxed{}$

▶ 분모는 그대로 두고 분자끼리 뺍니다.

1 그림에 $\dfrac{1}{2} - \dfrac{1}{4}$ 만큼 색칠하고, $\boxed{}$ 안에 알맞은 수를 써넣으세요.

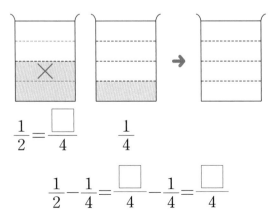

$\dfrac{1}{2} = \dfrac{\boxed{}}{4}$ $\dfrac{1}{4}$

$\dfrac{1}{2} - \dfrac{1}{4} = \dfrac{\boxed{}}{4} - \dfrac{1}{4} = \dfrac{\boxed{}}{4}$

1 다음을 보고 계산해 보세요.

$$\frac{2}{5} = \frac{4}{10} = \frac{6}{15} = \frac{8}{20} = \frac{10}{25} = \cdots\cdots$$

$$\frac{1}{4} = \frac{2}{8} = \frac{3}{12} = \frac{4}{16} = \frac{5}{20} = \frac{6}{24} = \cdots\cdots$$

$$\frac{2}{5} - \frac{1}{4} \underline{\hspace{5cm}}$$

2 □ 안에 알맞은 수를 써넣으세요.

$$\frac{2}{3} - \frac{3}{8} = \frac{2 \times \boxed{}}{3 \times \boxed{}} - \frac{3 \times \boxed{}}{8 \times \boxed{}}$$

$$= \frac{\boxed{}}{24} - \frac{\boxed{}}{24} = \frac{\boxed{}}{24}$$

3 분모의 최소공배수로 통분하여 계산해 보세요.

$$\frac{11}{14} - \frac{3}{4} \underline{\hspace{6cm}}$$

4 □ 안에 알맞은 수를 써넣으세요.

$$\frac{4}{7} - \frac{3}{8} = \frac{\boxed{}}{56} - \frac{\boxed{}}{56} = \frac{\boxed{}}{56}$$

5 계산해 보세요.

(1) $\frac{1}{4} - \frac{1}{5}$ (2) $\frac{9}{10} - \frac{1}{4}$

  $\frac{1}{5} - \frac{1}{6}$ $\frac{9}{10} - \frac{2}{4}$

  $\frac{1}{6} - \frac{1}{7}$ $\frac{9}{10} - \frac{3}{4}$

6 계산 결과를 비교하여 ◯ 안에 >, =, <를 알맞게 써넣으세요.

$$\frac{5}{6} - \frac{4}{9} \bigcirc \frac{2}{3} - \frac{4}{9}$$

5
단원

7 다음 중 계산 결과가 다른 것은 어느 것인가요?

$$\cdots\cdots\cdots (\qquad)$$

① $\frac{5}{12} - \frac{3}{8}$ ② $\frac{2}{3} - \frac{5}{8}$

③ $\frac{10}{24} - \frac{9}{24}$ ④ $\frac{60}{96} - \frac{24}{96}$

⑤ $\frac{40}{96} - \frac{36}{96}$

스스로
학습책
77쪽

5 분모가 다른 분수의 뺄셈 계산하기 (2)

○ 받아내림이 없는 대분수의 뺄셈 알아보기

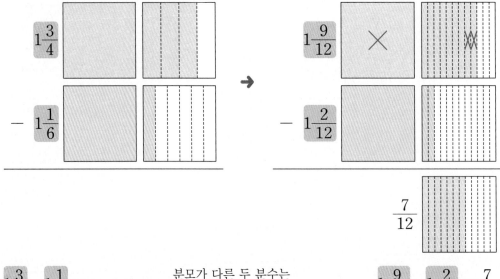

$1\frac{3}{4} - 1\frac{1}{6} =$ ─── 분모가 다른 두 분수는 분모를 같게 하여 계산합니다. ───→ $1\frac{9}{12} - 1\frac{2}{12} = \frac{7}{12}$

○ 대분수의 뺄셈 방법 알아보기

방법 1 자연수끼리, 분수끼리 빼기

$1\frac{3}{4} - 1\frac{1}{6}$

$= 1\frac{9}{12} - 1\frac{2}{12}$ ───(통분)

$= \frac{7}{12}$ ───(빼기)

방법 2 가분수로 나타내어 빼기

$1\frac{3}{4} - 1\frac{1}{6}$

$= \frac{7}{4} - \frac{7}{6}$ ───(가분수로)

$= \frac{21}{12} - \frac{14}{12}$ ───(통분)

$= \frac{7}{12}$ ───(빼기)

[4−2 1. 분수의 덧셈과 뺄셈]

먼저 생각해 봐요

$2\frac{3}{7} = \boxed{} + \frac{3}{7}$

$-) \quad 1\frac{1}{7} = \boxed{} + \frac{1}{7}$

$2\frac{3}{7} - 1\frac{1}{7} = \boxed{} + \boxed{}$

$= \boxed{}$

1 그림에 알맞게 색칠하고, ☐ 안에 알맞은 수를 써넣으세요.

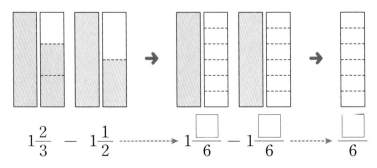

$1\frac{2}{3} \quad - \quad 1\frac{1}{2}$ ┈┈→ $1\frac{\boxed{}}{6} - 1\frac{\boxed{}}{6}$ ┈┈→ $\frac{\boxed{}}{6}$

정답과 해설 30쪽

1 □ 안에 알맞은 수를 써넣으세요.

$$1\frac{5}{7}-\frac{3}{8}=1\frac{5\times\boxed{}}{7\times\boxed{}}-\frac{3\times\boxed{}}{8\times\boxed{}}$$

$$=1\frac{\boxed{}}{56}-\frac{\boxed{}}{56}=1\frac{\boxed{}}{56}$$

2 $2\frac{3}{5}-1\frac{1}{6}$ 을 두 가지 방법으로 계산해 보세요.

방법 1 자연수끼리, 분수끼리 빼기

_____

_____

방법 2 가분수로 나타내어 빼기

_____

_____

3 계산해 보세요.

(1) $3\frac{6}{7}-\frac{3}{4}$

$3\frac{6}{7}-1\frac{3}{4}$

$3\frac{6}{7}-2\frac{3}{4}$

(2) $1\frac{5}{8}-\frac{1}{5}$

$2\frac{5}{8}-1\frac{1}{5}$

$3\frac{5}{8}-2\frac{1}{5}$

4 처음 잘못 계산한 부분을 찾아 ◯표 하고, 바르게 고쳐 계산해 보세요.

$$2\frac{4}{5}-1\frac{1}{3}=\frac{14}{5}-\frac{4}{3}=\frac{42}{15}-\frac{12}{15}=\frac{30}{15}=2$$

$2\frac{4}{5}-1\frac{1}{3}$ _____

_____

5 계산 결과를 비교하여 ◯ 안에 >, =, <를 알맞게 써넣으세요.

(1) $3\frac{2}{5}-1\frac{1}{11}$ ◯ $2\frac{2}{5}-\frac{1}{11}$

(2) $2\frac{5}{7}-1\frac{7}{15}$ ◯ $2\frac{5}{7}-\frac{7}{15}$

6 바르게 계산한 것에 ◯표 하세요.

1. $1\frac{4}{5}-\frac{1}{2}=1\frac{3}{10}$

2. $2\frac{5}{7}-1\frac{2}{3}=1\frac{11}{21}$

6 분모가 다른 분수의 뺄셈 계산하기 (3)

● 받아내림이 있는 대분수의 뺄셈 알아보기

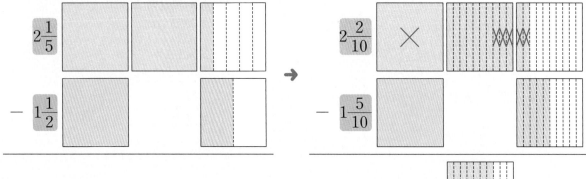

$$2\frac{1}{5}-1\frac{1}{2}= \quad \cdots \quad 2\frac{2}{10}-1\frac{5}{10}=\frac{7}{10}$$

분모가 다른 두 분수는
분모를 같게 하여 계산합니다.
분수끼리 뺄 수 없을 때에는
자연수에서 받아내림하여 계산합니다.

● 대분수의 뺄셈 방법 알아보기

방법 1 자연수끼리, 분수끼리 빼기

$$2\frac{1}{5}-1\frac{1}{2}$$
$$=2\frac{2}{10}-1\frac{5}{10} \quad \boxed{통분}$$
$$=1\frac{12}{10}-1\frac{5}{10} \quad \boxed{받아내림}$$
$$=\frac{7}{10} \quad \boxed{빼기}$$

방법 2 가분수로 나타내어 빼기

$$2\frac{1}{5}-1\frac{1}{2}$$
$$=\frac{11}{5}-\frac{3}{2} \quad \boxed{가분수로}$$
$$=\frac{22}{10}-\frac{15}{10} \quad \boxed{통분}$$
$$=\frac{7}{10} \quad \boxed{빼기}$$

[4−2 1. 분수의
덧셈과 뺄셈]

먼저 생각해 봐요

$$3\frac{1}{4}=\boxed{}+\frac{4}{4}+\frac{1}{4}$$
$$-\big)\quad 1\frac{3}{4}=\boxed{}+\frac{3}{4}$$
$$\overline{3\frac{1}{4}-1\frac{3}{4}=\boxed{}+\frac{2}{4}}$$
$$=\boxed{}$$

▶ 자연수에서 1만큼을 분수로 바꾸어 자연수끼리, 분수끼리 차를 구한 후 더합니다.

1 그림에 알맞게 색칠하고, ☐ 안에 알맞은 수를 써넣으세요.

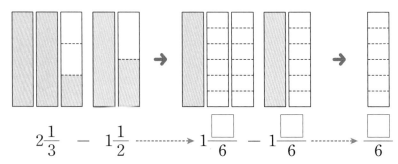

$$2\frac{1}{3} \quad - \quad 1\frac{1}{2} \quad \cdots \quad 1\frac{\boxed{}}{6} - 1\frac{\boxed{}}{6} \quad \cdots \quad \frac{\boxed{}}{6}$$

1 □ 안에 알맞은 수를 써넣고, 분수의 뺄셈을 해 보세요.

$$3\frac{1}{5}=3+\frac{\boxed{}}{30}=2+\frac{\boxed{}}{30}$$

$$-\Big)\ 1\frac{5}{6}=\qquad\quad 1+\frac{\boxed{}}{30}$$

$$3\frac{1}{5}-1\frac{5}{6}=\qquad\quad 1+\frac{\boxed{}}{30}$$

$$=\boxed{}$$

2 □ 안에 알맞은 수를 써넣으세요.

$$2\frac{2}{7}-1\frac{4}{5}=\frac{\boxed{}}{7}-\frac{\boxed{}}{5}$$

$$=\frac{\boxed{}}{35}-\frac{\boxed{}}{35}$$

$$=\boxed{}$$

3 대분수를 가분수로 나타내어 계산하기 편리한 식에 ○표 하세요.

$$\boxed{2\frac{2}{9}-1\frac{7}{11}}\qquad\boxed{29\frac{2}{9}-18\frac{7}{11}}$$

(　　　　　)　　　　(　　　　　)

4 계산해 보세요.

(1) $4\frac{1}{4}-\frac{5}{7}$

$\quad 4\frac{1}{4}-1\frac{5}{7}$

$\quad 4\frac{1}{4}-2\frac{5}{7}$

(2) $5\frac{5}{12}-2\frac{5}{6}$

$\quad 4\frac{5}{12}-1\frac{5}{6}$

$\quad 3\frac{5}{12}-\frac{5}{6}$

5 다음 중 계산 결과가 다른 것은 어느 것인가요?
.... (　　　　)

① $3\frac{7}{15}-1\frac{9}{10}$　　② $2\frac{7}{15}-\frac{9}{10}$

③ $4\frac{14}{30}-2\frac{27}{30}$　　④ $4\frac{7}{15}-2\frac{9}{10}$

⑤ $\frac{45}{15}-\frac{10}{10}$

6 다음 중 계산 결과가 2보다 작은 식의 기호를 써 보세요.

$$\boxed{\ \ \bigcirc\ 3\frac{5}{6}-1\frac{5}{8}\qquad \bigcirc\ 3\frac{3}{5}-1\frac{7}{9}\ \ }$$

(　　　　　　　)

1 다음 중 차가 1보다 크고 2보다 작은 것은 어느 것인가요? (   )

① $4\dfrac{3}{7} - 3\dfrac{1}{2}$ 　　　　② $2\dfrac{1}{2} - 1\dfrac{7}{15}$

③ $1\dfrac{7}{12} - \dfrac{7}{8}$ 　　　　④ $3\dfrac{9}{14} - 1\dfrac{1}{2}$

⑤ $4\dfrac{7}{10} - 2\dfrac{2}{3}$

2 □ 안에 알맞은 수를 써넣으세요.

(1) $\dfrac{\boxed{}}{4} - \dfrac{\boxed{}}{6} = \dfrac{9}{12} - \dfrac{2}{12} = \dfrac{7}{12}$

(2) $\boxed{}\dfrac{\boxed{}}{8} - \boxed{}\dfrac{\boxed{}}{6} = \dfrac{\boxed{}}{8} - \dfrac{\boxed{}}{6} = \dfrac{57}{24} - \dfrac{44}{24} = \dfrac{13}{24}$

3 뺄셈을 하여 □ 안에 알맞은 분수를 써넣고, ㉠에 들어갈 수 있는 자연수를 모두 구해 보세요.

$$8\dfrac{1}{6} - 3\dfrac{17}{30} = \boxed{}$$

$$8\dfrac{1}{6} - 3\dfrac{17}{30} > 4\dfrac{㉠}{5}$$

(   )

개념 PLUS

$\dfrac{\blacktriangle}{\blacksquare} > \dfrac{\bullet}{\blacksquare}$ 이면 $\blacktriangle > \bullet$ 입니다.

4 점토를 혜원이는 $\dfrac{7}{8}$ kg 가지고 있고, 준석이는 혜원이보다 $\dfrac{2}{5}$ kg 적게 가지고 있습니다. 준석이가 가지고 있는 점토는 몇 kg인지 구해 보세요.

(   )

스스로 학습책 80쪽

5 은빛 마을에서 달빛 마을로 가는 방법이 2가지 있습니다. 어떤 방법으로 가는 것이 몇 km 더 가까운지 구해 보세요.

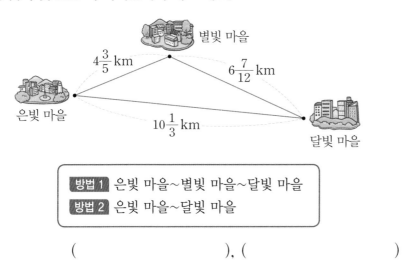

별빛 마을

$4\dfrac{3}{5}$ km $6\dfrac{7}{12}$ km

은빛 마을 $10\dfrac{1}{3}$ km   달빛 마을

> **방법 1** 은빛 마을~별빛 마을~달빛 마을
> **방법 2** 은빛 마을~달빛 마을

(   ), (   )

5
단원

6 계산 결과가 더 크게 되도록 화살표를 따라 출발에서 도착까지 이동하면서 ◯ 안에 계산 결과를 써넣으세요.

개념 PLUS

・ ●+▲ > ●−▲
・ ●−1 > ●−2
・ ●+2 > ●+1

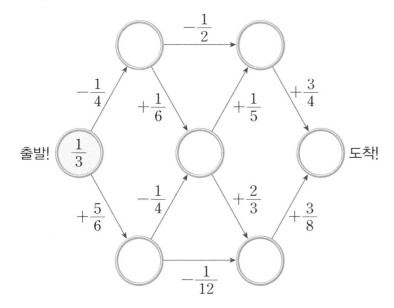

$-\dfrac{1}{2}$

$-\dfrac{1}{4}$ $+\dfrac{1}{6}$ $+\dfrac{1}{5}$ $+\dfrac{3}{4}$

출발! $\dfrac{1}{3}$ 도착!

$+\dfrac{5}{6}$ $-\dfrac{1}{4}$ $+\dfrac{2}{3}$ $+\dfrac{3}{8}$

$-\dfrac{1}{12}$

스스로
학습책
81쪽

1 수 카드로 분수 만들어 계산하기

조건에 맞는 대분수를 만들어요.

★ 수 카드 ④, ⑤, ⑦을 한 번씩 사용하여 다음과 같은 대분수를 만들었습니다. 가장 큰 대분수와 가장 작은 대분수를 각각 써 보세요.

$$4\frac{5}{7} \quad 5\frac{4}{7} \quad 7\frac{4}{5}$$

(   )

★
★ 수 카드 4장 중에서 3장을 골라 만들 수 있는 가장 큰 대분수와 가장 작은 대분수의 합을 구해 보세요.

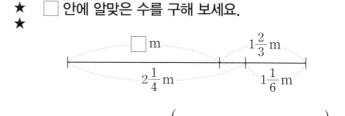

(   )

2 수직선에서 길이 구하기

수직선의 전체 길이를 이용해요.

★ □ 안에 알맞은 수를 구해 보세요.

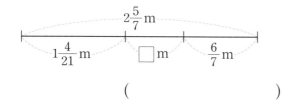

(   )

★
★ □ 안에 알맞은 수를 구해 보세요.

$$\square\text{ m} \quad 1\frac{2}{3}\text{ m}$$
$$2\frac{1}{4}\text{ m} \quad 1\frac{1}{6}\text{ m}$$

(   )

3 □ 안에 알맞은 수 구하기

덧셈과 뺄셈의 관계를 이용하여 □를 구하는 식으로 만들어요.

★ □ 안에 알맞은 수를 써넣으세요.

$$\boxed{}+1\frac{5}{7}=3\frac{8}{21}$$

★
★ □ 안에 알맞은 수를 구해 보세요.

$$1\frac{\square}{18}-\frac{5}{6}=\frac{4}{9}$$

(   )

4 바르게 계산한 값 구하기

어떤 수를 □로 하여 놓고 식을 만들어요.

★ 어떤 수에 $\dfrac{7}{24}$ 을 더했더니 $\dfrac{11}{16}$ 이 되었습니다. 어떤 수를 구해 보세요.

(   )

★★ 어떤 수에서 $2\dfrac{1}{4}$ 을 빼야 할 것을 잘못하여 더했더니 $5\dfrac{2}{3}$ 가 되었습니다. 바르게 계산하면 얼마인가요?

(   )

5 전체가 얼마인지 구하기

전체의 분수만큼이 얼마인지 구해요.

★ □ 안에 알맞은 수를 써넣으세요.

전체의 $\dfrac{5}{12}$ 가 15이면 $\dfrac{1}{12}$ 은 □ 이므로

전체는 □ 입니다.

★★ 민주는 달걀을 사서 전체의 $\dfrac{1}{5}$ 은 찜을 하는 데 사용하고, 전체의 $\dfrac{1}{6}$ 은 볶음을 하는 데 사용했습니다. 사용한 달걀이 11개라면 사 온 달걀은 모두 몇 개인지 구해 보세요.

(   )

6 계산 결과에 맞는 식 구하기

전체 일의 양을 1이라고 생각해요.

★ 연호가 어떤 일을 하루에 $\dfrac{1}{4}$ 만큼 할 수 있다면 그 일을 끝내는 데 며칠이 걸리나요?

(   )

★★ 어떤 일을 승현이는 하루에 $\dfrac{1}{8}$ 만큼, 효정이는 $\dfrac{1}{12}$ 만큼 할 수 있습니다. 이 일을 두 사람이 같이 할 때 일을 끝내려면 적어도 며칠이 걸리나요?

(   )

스스로 학습책 82쪽

단원평가

1 수직선을 보고 □ 안에 알맞은 수를 써넣으세요.

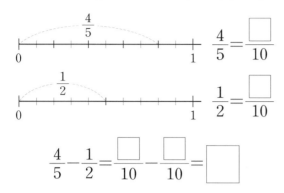

$\dfrac{4}{5} = \dfrac{\square}{10}$

$\dfrac{1}{2} = \dfrac{\square}{10}$

$\dfrac{4}{5} - \dfrac{1}{2} = \dfrac{\square}{10} - \dfrac{\square}{10} = \boxed{}$

2 □ 안에 알맞은 수를 써넣으세요.

(1) $\dfrac{2}{5} + \dfrac{3}{7} = \dfrac{\square}{35} + \dfrac{\square}{35} = \boxed{}$

(2) $2\dfrac{3}{8} + \dfrac{1}{6} = 2\dfrac{\square}{24} + \dfrac{\square}{24} = \boxed{}$

3 두 수의 합을 구해 보세요.

$$1\dfrac{5}{6} \qquad \dfrac{14}{15}$$

(　　　　　　　)

4 ·보기·와 같이 계산해 보세요.

┌─ 보기 ─────────────────────────┐
$3\dfrac{1}{3} - 2\dfrac{1}{2} = \dfrac{10}{3} - \dfrac{5}{2} = \dfrac{20}{6} - \dfrac{15}{6} = \dfrac{5}{6}$
└────────────────────────────────┘

$2\dfrac{2}{5} - 1\dfrac{3}{4}$ _____

5 □ 안에 알맞은 수를 써넣으세요.

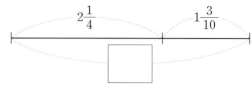

$2\dfrac{1}{4}$ 　　 $\boxed{}$ 　　 $1\dfrac{3}{10}$

6 계산해 보세요.

(1) $\dfrac{7}{15} + \dfrac{1}{6}$

(2) $4\dfrac{1}{3} - \dfrac{5}{7}$

(3) $2\dfrac{4}{5} + 1\dfrac{2}{3}$

7 ㉠과 ㉡의 차를 구해 보세요.

┌──────────────────────┐
㉠ $\dfrac{1}{6}$이 13개인 수

㉡ $\dfrac{1}{9}$이 17개인 수
└──────────────────────┘

(　　　　　　　)

8 다음이 나타내는 수를 구해 보세요.

$$\frac{7}{10}\text{보다 }\frac{4}{15}\text{만큼 더 작은 수}$$

(   )

9 계산 결과를 비교하여 ◯ 안에 >, =, <를 알맞게 써넣으세요.

$$2\frac{9}{16} - 1\frac{3}{8} \bigcirc 3\frac{1}{4} - 2\frac{5}{8}$$

10 사과 $4\frac{7}{9}$ kg과 배 $3\frac{5}{6}$ kg이 있습니다. 사과와 배의 무게는 모두 몇 kg인가요?

(   )

11 두 정사각형의 한 변의 길이의 차는 몇 cm인가요?

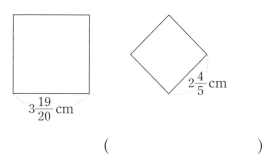

$3\frac{19}{20}$ cm $2\frac{4}{5}$ cm

(   )

12 계산해 보세요.

$$3\frac{5}{6} - \frac{4}{9} - \frac{1}{3}$$

(   )

13 삼각형의 세 변의 길이의 합은 몇 cm인가요?

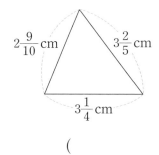

$2\frac{9}{10}$ cm $3\frac{2}{5}$ cm $3\frac{1}{4}$ cm

(   )

14 동화책을 은정이는 $1\frac{1}{4}$시간 동안 읽었고, 동생은 $1\frac{1}{6}$시간 동안 읽었습니다. 두 사람이 동화책을 읽은 시간은 모두 몇 시간인지 분수로 구해 보세요.

(   )

15 우유 $\frac{13}{15}$ L 중에서 영우가 $\frac{1}{5}$ L, 지효가 $\frac{3}{10}$ L 를 마셨습니다. 남은 우유는 몇 L인지 식을 쓰고, 답을 구해 보세요.

식 _____

답 _____

16 밭 전체의 $\frac{1}{3}$에는 무를 심고, 밭 전체의 $\frac{1}{5}$에는 상추를 심었습니다. 남은 부분에 깻잎을 심었다면 깻잎을 심은 부분은 밭 전체의 몇 분의 몇 인가요?

( )

17 □ 안에 알맞은 수를 써넣으세요.

$$5\frac{1}{2} - \boxed{} = 2\frac{2}{3}$$

18 수 카드 3, 7, 8을 한 번씩 사용하여 만들수 있는 대분수 중 가장 큰 대분수와 가장 작은 대분수의 차는 얼마인지 구해 보세요.

( )

19 지훈이는 등산을 하는 데 $\frac{3}{4}$시간 동안 올라가다가 $\frac{1}{6}$시간 동안 쉬고 다시 $\frac{2}{5}$시간 동안 올라갔더니 정상에 도착했습니다. 지훈이가 산 정상까지 가는 데 걸린 시간은 모두 몇 시간 몇 분인지 풀이 과정을 쓰고, 답을 구해 보세요.

풀이 _____

답 _____

20 민지는 전체가 200쪽인 동화책을 첫째 날은 전체의 $\frac{3}{10}$을, 둘째 날은 40쪽을 읽었습니다. 아직 읽지 않은 부분은 전체의 얼마인지 풀이 과정을 쓰고, 답을 구해 보세요.

풀이 _____

답 _____

단원평가

1 계산해 보세요.

(1) $\dfrac{5}{9} - \dfrac{1}{6}$

(2) $3\dfrac{3}{8} + 1\dfrac{5}{12}$

2 분모의 최소공배수를 이용하여 계산해 보세요.

$\dfrac{3}{8} + \dfrac{5}{12}$

3 두 분수의 합을 구해 보세요.

$$1\dfrac{7}{10} \qquad 3\dfrac{8}{15}$$

(   )

4 다음 수 중에서 기약분수들의 합을 구해 보세요.

$$\dfrac{4}{10} \quad \dfrac{3}{12} \quad \dfrac{7}{15} \quad \dfrac{4}{5} \quad \dfrac{16}{28}$$

(   )

5 □ 안에 알맞은 수를 써넣으세요.

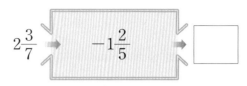

$$2\dfrac{3}{7} \longrightarrow \boxed{-1\dfrac{2}{5}} \longrightarrow \boxed{}$$

6 나라는 다음과 같이 잘못 계산했습니다. 바르게 고쳐 계산해 보세요.

$$\dfrac{5}{8} + \dfrac{3}{5} = \dfrac{5\times 5}{8\times 5} + \dfrac{3\times 5}{5\times 8}$$
$$= \dfrac{25}{40} + \dfrac{15}{40} = \dfrac{40}{40} = 1$$

$\dfrac{5}{8} + \dfrac{3}{5}$

7 가장 큰 분수와 가장 작은 분수의 차를 구해 보세요.

$$4\dfrac{3}{5} \qquad 2\dfrac{2}{3} \qquad 3\dfrac{1}{6}$$

(   )

8 계산 결과가 1보다 작은 것을 모두 찾아 기호를 써 보세요.

$$\text{㉠ } \dfrac{1}{2} + \dfrac{5}{9} \qquad \text{㉡ } 1\dfrac{3}{5} - \dfrac{3}{4} \qquad \text{㉢ } \dfrac{3}{8} + \dfrac{1}{3}$$

(   )

5
단원

9 크기를 비교하여 ○ 안에 >, =, <를 알맞게 써넣으세요.

$$\frac{8}{15} - \frac{7}{20} \bigcirc \frac{8}{10} - \frac{7}{20}$$

10 $\frac{1}{5}$이 3인수보다 $\frac{1}{3}$만큼 더 큰 수는 얼마인가요?

(   )

11 밥을 짓는 데 쌀 $\frac{7}{8}$ kg 중에서 $\frac{5}{12}$ kg을 사용했습니다. 밥을 짓고 남은 쌀은 몇 kg인가요?

(   )

12 어떤 수에 $\frac{7}{24}$을 더했더니 $\frac{11}{16}$이 되었습니다. 어떤 수를 구해 보세요.

(   )

13 경진이네 집에서 학교를 거쳐 도서관까지 가는 거리는 몇 km인가요?

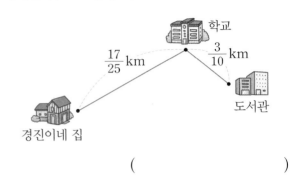

(   )

14 신우네 가족은 물을 오전에 $1\frac{3}{8}$ L, 오후에 $1\frac{1}{4}$ L 마셨고, 혜주네 가족은 물을 하루 동안 $2\frac{43}{48}$ L 마셨습니다. 물을 더 많이 마신 가족은 누구네 가족인지 구해 보세요.

(   )

15 □ 안에 세 분수를 알맞게 써넣어 계산 결과가 가장 크게 하려고 합니다. 식을 쓰고, 계산 결과를 구해 보세요.

$$\left(1\frac{4}{5},\ 4\frac{7}{10},\ 1\frac{5}{6} \right) \rightarrow \Box + \Box - \Box$$

식 _____

답 _____

16 길이가 $1\frac{5}{7}$ m인 테이프 2장을 그림과 같이 $\frac{2}{5}$ m 만큼 겹치게 이어 붙였습니다. 이은 테이프의 전체 길이는 몇 m인가요?

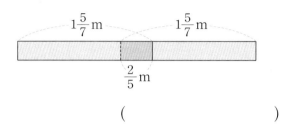

$1\frac{5}{7}$ m　　$1\frac{5}{7}$ m

$\frac{2}{5}$ m

(　　　　　　　)

17 지윤이와 혜수는 각각 3개의 주사위를 던져 나온 눈의 수를 한 번씩 사용하여 대분수를 만들려고 합니다. 지윤이는 가장 큰 대분수를, 혜수는 가장 작은 대분수를 만들 때 두 분수의 차는 얼마인지 구해 보세요.

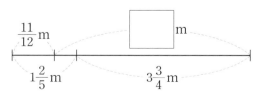

지윤　　　　　　혜수

(　　　　　　　)

18 ☐ 안에 알맞은 분수를 써넣으세요.

$\frac{11}{12}$ m　　　　☐ m

$1\frac{2}{5}$ m　　　$3\frac{3}{4}$ m

19 승연이는 할머니 댁에 가는 데 $1\frac{1}{3}$시간은 버스를 타고, $\frac{3}{5}$시간은 걸어서 갔습니다. 승연이가 할머니 댁에 가는 데 걸린 시간은 모두 몇 시간 몇 분인지 풀이 과정을 쓰고, 답을 구해 보세요.

풀이 _____

_____

_____

답 _____

20 어떤 일을 하루 동안 하는 데 명희는 전체의 $\frac{1}{12}$을, 효연이는 전체의 $\frac{1}{4}$을 할 수 있습니다. 이 일을 두 사람이 함께 한다면 일을 끝내는 데 며칠이 걸리는지 풀이 과정을 쓰고, 답을 구해 보세요.

풀이 _____

_____

_____

답 _____

5
단원

시작은 어디일까?

색칠된 칸에서 출발하여 숫자만큼 화살표 방향으로 이동할 수 있습니다. 황금 열쇠
를 찾으려면 어디부터 시작하면 좋을까요?

4	2	3	4	3	2
2	2	1	1	1	3
1	1	2	2	1	2
2	2	1	🗝	1	3
4	2	1	2	3	1
1	1	1	3	1	3

6 다각형의 둘레와 넓이

출발~.

이번 에 배울 내용

• 정다각형과 사각형의 둘레 구하기
• $1\,cm^2$, $1\,m^2$, $1\,km^2$ 알아보기
• 직사각형과 정사각형의 넓이 구하기
• 평행사변형, 삼각형, 마름모, 사다리꼴의
  넓이 구하기

다음 에 배울 내용

[6-1] 6. 직육면체의 부피와 겉넓이
[6-2] 5. 원의 넓이

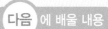

① 정다각형과 사각형의 둘레 구하기
└─ 물건의 가장자리를 한 번 둘러싼 끈의 길이

◉ 정다각형의 둘레

(정다각형의 둘레)
＝(한 변의 길이)×(변의 수) →•모든 변의 길이의 합

3cm

(정사각형의 둘레)
＝3×4
＝12(cm)

4cm

(정육각형의 둘레)
＝4×6
＝24(cm)

◉ 직사각형의 둘레

(직사각형의 둘레)＝((가로)×2)+((세로)×2)
＝((가로)+(세로))×2

5cm
2cm

(직사각형의 둘레)
＝(5+2)×2
＝14(cm)

◉ 평행사변형의 둘레

(평행사변형의 둘레)
＝((한 변의 길이)×2)+((다른 한 변의 길이)×2)
＝((한 변의 길이)+(다른 한 변의 길이))×2

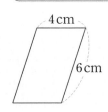
4cm
6cm

(평행사변형의 둘레)
＝(4+6)×2
＝20(cm)

◉ 마름모의 둘레

(마름모의 둘레)＝(한 변의 길이)×4

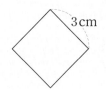
3cm

(마름모의 둘레)
＝3×4
＝12(cm)

1 정육각형의 둘레를 구하려고 합니다. ☐ 안에 알맞은 수를 써넣으세요.

5cm

방법1 변의 길이를 모두 더하여 구하기

(정육각형의 둘레)＝5+5+5+☐+☐+☐

＝☐(cm)

방법2 (한 변의 길이)×(변의 수)로 구하기

(정육각형의 둘레)＝5×☐＝☐(cm)

2 직사각형의 둘레를 구하려고 합니다. ☐ 안에 알맞은 수를 써넣으세요.

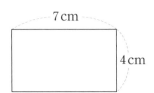
7cm
4cm

(1) (직사각형의 둘레)＝☐+4+☐+4

＝☐(cm)

(2) 가로와 세로가 각각 ☐개씩 있습니다.

(직사각형의 둘레)＝(☐+4)×2＝☐(cm)

1 정다각형의 둘레를 구해 보세요.

(1) 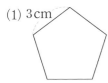 3 cm

(정오각형의 둘레)

$= 3 \times \boxed{}$

$= \boxed{}$ (cm)

(2) 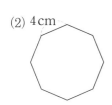 4 cm

(정팔각형의 둘레)

$= 4 \times \boxed{}$

$= \boxed{}$ (cm)

2 평행사변형의 둘레를 구해 보세요.

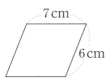 7 cm / 6 cm

(1) (평행사변형의 둘레)

$= \boxed{} + \boxed{} + \boxed{} + \boxed{}$

$= \boxed{}$ (cm)

(2) 평행사변형은 마주 보는 변의 길이가 각각 (같습니다 , 다릅니다).

➜ (평행사변형의 둘레)

$= (7 + 6) \times \boxed{} = \boxed{}$ (cm)

3 직사각형의 둘레는 몇 cm인가요?

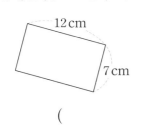 12 cm / 7 cm

(   )

4 마름모의 둘레는 몇 cm인가요?

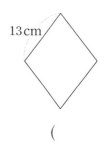 13 cm

(   )

5 둘레가 24 cm인 정사각형을 그려 보세요.

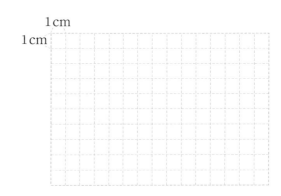 1 cm / 1 cm

6 직사각형의 둘레가 32 cm일 때, ☐ 안에 알맞은 수를 써넣으세요.

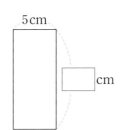 5 cm / ☐ cm

6. 다각형의 둘레와 넓이 | **133**

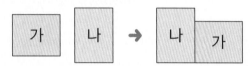
② 1 cm² 알아보기

● 넓이를 비교하는 방법 알아보기

(1) 직접 대어 비교하기

→ 어느 것이 얼마나 더 넓은지 정확하게 비교하기 어렵습니다.

(2) 하나의 모양을 여러 가지 단위로 넓이 비교하기

→ 넓이의 단위에 따라 측정한 값이 달라집니다.

→ 종이를 완전히 덮을 수 없으면 넓이를 구하기 어렵습니다.

[1cm²]는 종이를 완전히 덮을 수 있습니다.

(3) [1cm²]를 이용하여 넓이 알아보기

• 넓이를 나타낼 때 한 변의 길이가 1 cm인 정사각형의 넓이를 단위로 사용할 수 있습니다.

• 한 변의 길이가 1 cm인 정사각형의 넓이를 1 cm²라고 합니다.

[쓰기] 1 cm²   [읽기] 1 제곱센티미터

넓이의 단위를 사용할 때에는 항상 일정한 단위를 사용해야 하고, 넓이를 구한 결과에는 단위의 수와 단위를 둘 다 써야 합니다.

---

1 주어진 넓이를 쓰고, 읽어 보세요.

(1) [1cm²]   [쓰기] $1\,\text{cm}^2$

[읽기] _____

(2) [7cm²]   [쓰기] $7\,\text{cm}^2$

[읽기] _____

---

2 도형의 넓이를 구해 보세요.

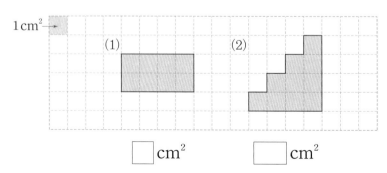

1 cm² →

(1)

(2)

☐ cm²   ☐ cm²

정답과 해설 36쪽

1 넓이가 같은 도형을 모두 찾아 색칠해 보세요.

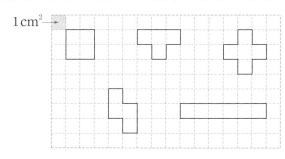

2 도형의 넓이는 몇 cm²인지 구해 보세요.

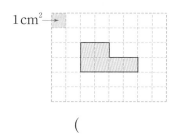

(   )

3 넓이가 10 cm²인 것을 모두 찾아 ◯표 하세요.

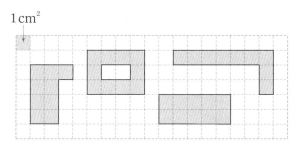

4 ☐ 안에 알맞은 수를 써넣으세요.

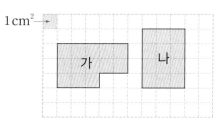

도형 가는 도형 나보다 넓이가 ☐ cm² 더 넓습니다.

5 조각 맞추기 놀이를 하고 있습니다. 로 채워진 부분의 넓이는 몇 cm²인가요?

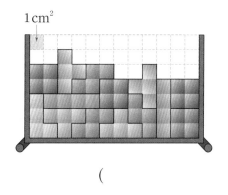

(   )

6 넓이를 2 cm²씩 늘려가며 도형을 규칙에 따라 그리고 있습니다. 빈칸에 알맞은 도형을 그려 보세요.

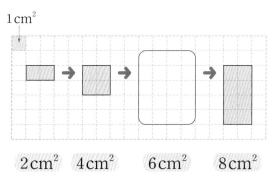

2 cm²   4 cm²   6 cm²   8 cm²

스스로
학습책
90쪽

③ 직사각형의 넓이 구하기

직사각형의 넓이

1 cm² →

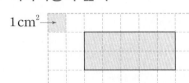가 직사각형의 가로에 5개, 세로에 2개로 총 10개입니다.

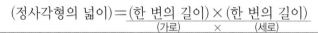

(직사각형의 넓이)=(가로)×(세로)

6 cm
3 cm

$$(직사각형의 넓이)=(가로)\times(세로)$$
$$=6\times3$$
$$=18(cm^2)$$

정사각형의 넓이

(정사각형의 넓이)=(한 변의 길이)×(한 변의 길이)
　　　　　　　　　　 (가로)　　　× 　　 (세로)

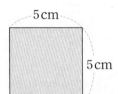

5 cm
5 cm

$$(직사각형의 넓이)$$
$$=(한 변의 길이)\times(한 변의 길이)$$
$$=5\times5$$
$$=25(cm^2)$$

• 직사각형의 가로와 세로

가로
세로

가로: 옆으로 나 있는 길이
세로: 위아래로 나 있는 길이

• 정사각형의 한 변

한 변

정사각형은 네 변의 길이가 같은 사각형이므로 가로와 세로의 길이가 같습니다.

---

1 직사각형의 넓이를 구해 보세요.

(1)
7 cm
4 cm

$$7\times\boxed{}=\boxed{}(cm^2)$$

(2)
6 cm
8 cm

$$\boxed{}\times8=\boxed{}(cm^2)$$

2 정사각형의 넓이를 구해 보세요.

8 cm

$$8\times\boxed{}=\boxed{}(cm^2)$$

1 직사각형의 넓이를 구해 보세요.

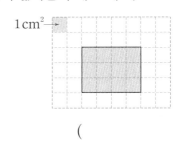

1 cm²

( )

[5~6] 직사각형의 넓이가 다음과 같을 때, □ 안에 알맞은 수를 써넣으세요.

5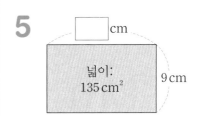

□ cm

넓이:
135 cm²   9 cm

[2~3] 직사각형의 넓이를 구해 보세요.

2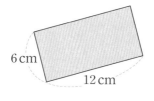

6 cm
12 cm

( )

6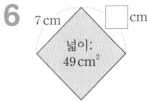

7 cm   □ cm

넓이:
49 cm²

3

9 cm   9 cm

( )

7 설명에서 잘못된 곳을 찾아 바르게 고쳐 보세요.

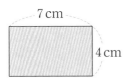

7 cm
4 cm

직사각형의 넓이는 (가로)×(세로)를 계산합니다. 따라서 (7+4)×2로 구합니다.

바르게 고치기

4 도서 대출증은 가로가 8 cm, 세로가 5 cm인 직사각형 모양입니다. 도서 대출증의 넓이는 몇 cm²인가요?

식

답

④ 1 cm²보다 더 큰 넓이의 단위 알아보기

● 1 m²

• 한 변의 길이가 1 m인 정사각형의 넓이를
1 m²라고 합니다.

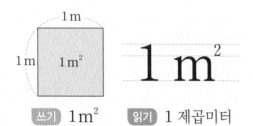

쓰기 1 m²　　읽기 1 제곱미터

• 1 m²와 1 cm²의 관계

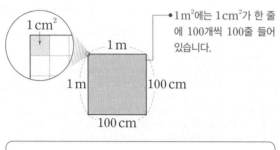

•1 m²에는 1 cm²가 한 줄에 100개씩 100줄 들어 있습니다.

$$1\,m^2 = 10000\,cm^2$$

● 1 km²

• 한 변의 길이가 1 km인 정사각형의 넓이를
1 km²라고 합니다.

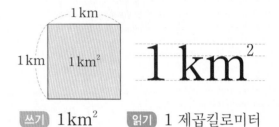

쓰기 1 km²　　읽기 1 제곱킬로미터

• 1 km²와 1 m²의 관계

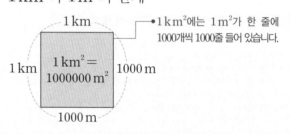

•1 km²에는 1 m²가 한 줄에 1000개씩 1000줄 들어 있습니다.

$$1\,km^2 = 1000000\,m^2$$

1 주어진 넓이를 쓰고, 읽어 보세요.

(1) 1 km²　쓰기 $1\,km^2$

읽기 _____

(2) 5 m²　쓰기 $5\,m^2$

읽기 _____

2 ☐ 안에 알맞은 수를 써넣으세요.

(1) 100 cm = ☐ m

10000 cm² = ☐ m²

(2) 1000 m = ☐ km

1000000 m² = ☐ km²

> **km²를 사용하는 이유는 무엇일까요?**
>
> 도시나 나라의 땅의 크기와 같이 넓은 곳의 면적을 나타낼 때 km²를 사용하면 작은 수로 간단히 나타낼 수 있습니다.
> $90000000\,m^2 = 90\,km^2$

1 □ 안에 알맞은 수를 써넣으세요.

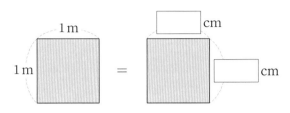

2 □ 안에 알맞은 수를 써넣으세요.

(1) $1\,\text{m}^2 =$ ☐ cm^2

(2) ☐ $\text{km}^2 = 8000000\,\text{m}^2$

(3) $20000000\,\text{m}^2 =$ ☐ km^2

(4) $500000\,\text{cm}^2 =$ ☐ m^2

3 직사각형의 넓이를 구해 보세요.

(1)

8 km
4 km

(   )

(2)

200 cm
2 m

(   )

4 그림과 같은 거실 바닥에 넓이가 $1\,\text{m}^2$인 양탄자를 빈틈 없이 깔려고 합니다. 양탄자는 모두 몇 장 필요한가요?

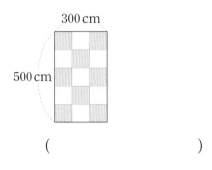

300 cm
500 cm

(   )

5 크기를 비교하여 ◯ 안에 $>$, $=$, $<$를 알맞게 써넣으세요.

$$70000\,\text{cm}^2 \bigcirc 70\,\text{m}^2$$

6 보기 에서 알맞은 단위를 골라 □ 안에 써넣으세요.

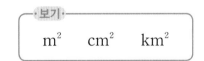

보기
$\text{m}^2 \quad \text{cm}^2 \quad \text{km}^2$

(1) 서울특별시의 면적은 605 ☐ 입니다.

(2) 교통카드의 넓이는 45 ☐ 입니다.

(3) 태권도 경기장의 넓이는 144 ☐ 입니다.

1 두 정다각형의 둘레가 각각 45 cm일 때, 한 변의 길이를 구해 보세요.

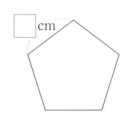

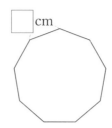

개념 PLUS
(정다각형의 둘레)
＝(한 변의 길이)×(변의 수)
➡ (정다각형의 한 변의 길이)
＝(둘레)÷(변의 수)

2 둘레가 가장 긴 것을 찾아 기호를 써 보세요.

> ㉠ 한 변이 12 cm인 정사각형
> ㉡ 가로가 8 cm, 세로가 21 cm인 직사각형
> ㉢ 가로가 16 cm, 세로가 9 cm인 직사각형

(   )

3 ☐ 안에 알맞은 단위를 써넣으세요.

(1) $700000 \, cm^2 = 70$ ☐   (2) $65 \, km^2 = 65000000$ ☐

4 직사각형 가와 정사각형 나의 넓이가 같습니다. 직사각형 가의 가로가 16 cm일 때 세로는 몇 cm인가요?

개념 PLUS
(직각형의 넓이)＝(가로)×(세로)
➡ (직사각형의 세로)＝(넓이)÷(가로)

가   16 cm

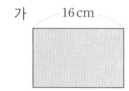

나

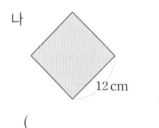

12 cm

(   )

5 가로가 700 cm, 세로가 500 cm인 직사각형 모양의 광고판이 있습니다. 이 광고판의 넓이는 몇 m^2인지 구해 보세요.

700 cm

500 cm

관광 한국

Welcome to Korea.

(   )

6 그림과 같은 규칙에 따라 직사각형을 계속 그렸습니다. 잘못된 설명을 찾아 기호를 써 보세요.

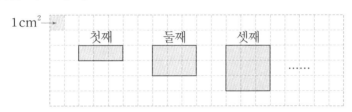

$1 cm^2$

첫째   둘째   셋째   ······

㉠ 가로의 길이가 변하지 않는 직사각형입니다.
㉡ 넷째 직사각형의 넓이는 $10 cm^2$입니다.
㉢ 세로가 1 cm 커지면 넓이는 $3 cm^2$씩 커집니다.

(   )

7 둘레가 16 m인 직사각형을 서로 다른 모양으로 3개 그리고, 그중에서 넓이가 가장 넓은 직사각형의 넓이를 구해 보세요.

개념 PLUS

둘레가 일정한 직사각형 중 넓이가 가장 큰 직사각형의 특징을 알아보세요.

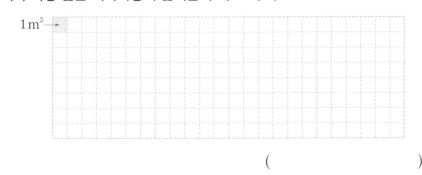

$1 m^2$

(   )

6
단원

스스로
학습책
94쪽

⑤ 평행사변형의 넓이 구하기

○ 평행사변형의 밑변과 높이

평행사변형에서 평행한 두 변을 밑변이라 하고, 두 밑변 사이의 거리를 높이라고 합니다.

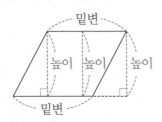
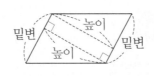

○ 평행사변형의 넓이

평행사변형의 넓이를 구할 때 직사각형 모양으로 바꾸어 직사각형의 넓이 구하는 방법을 이용하여 구할 수 있습니다.

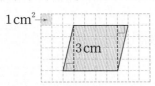
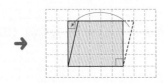

> (평행사변형의 넓이)＝(직사각형의 넓이)
> ＝(가로)×(세로)
> ＝(밑변의 길이)×(높이)

> • 밑변과 높이
> 밑변은 고정된 변이 아닌 기준이 되는 변이므로 높이는 밑변에 따라 정해집니다.
>
>
>
>
>
>
> 넓이: ㉮＝㉯＝㉰
> 평행사변형의 모양이 달라도 밑변의 길이와 높이가 같으면 넓이가 모두 같습니다.

먼저 생각해 봐요 [4-2 4. 사각형]

평행선 사이의 거리를 표시해 보세요.
_____
_____

▶ 평행선의 한 직선에서 다른 직선에 수선을 그었을 때 이 수선의 길이를 평행선 사이의 거리라고 합니다.

1 보기 와 같이 평행사변형의 높이를 표시해 보세요.

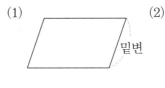

2 평행사변형의 넓이를 구해 보세요.

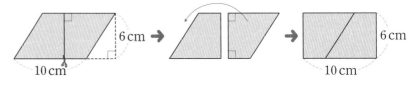

(평행사변형의 넓이)＝(밑변의 길이)×(높이)
＝10× ☐ ＝ ☐ (cm²)

1 평행사변형의 넓이를 구하려고 합니다. □ 안에 알맞은 수를 써넣으세요.

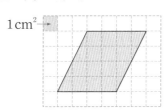

◁ 모양: □ 개 ➡ 넓이: □ cm²

▨ 모양: □ 개 ➡ 넓이: □ cm²

평행사변형의 넓이: □ cm²

2 평행사변형의 넓이를 구해 보세요.

(1)
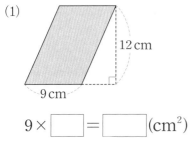
12 cm
9 cm

$9 \times □ = □ (cm^2)$

(2)
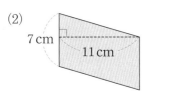
7 cm
11 cm

$7 \times □ = □ (cm^2)$

3 평행사변형의 넓이를 구하기 위해 필요한 길이에 각각 ○표 하고, 넓이를 구해 보세요.

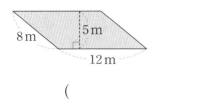
8 m   5 m
12 m

(   )

4 평행사변형을 보고 알맞은 말에 ○표 하세요.

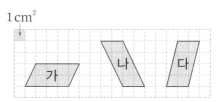
1 cm²
가   나   다

평행사변형 가, 나, 다의 넓이는 모두 (같습니다 , 다릅니다).

5 평행사변형의 넓이가 54 cm²일 때, 밑변의 길이를 구해 보세요.

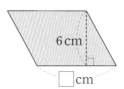
6 cm
□ cm

(밑변의 길이)＝(평행사변형의 넓이)÷(높이)
$= □ \div 6 = □ (cm)$

6 밑변의 길이가 12 m, 높이가 9 m인 평행사변형 모양의 배추밭이 있습니다. 이 배추밭의 넓이는 몇 m²인가요?

식 _____

답 _____

7 □ 안에 알맞은 수를 써넣으세요.

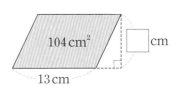
104 cm²   □ cm
13 cm

6 삼각형의 넓이 구하기

삼각형의 밑변과 높이

삼각형에서 한 변을 밑변이라고 하면, 밑변과 마주 보는 꼭짓점에서 밑변에 수직으로 그은 선분의 길이를 높이라고 합니다.

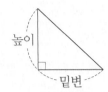

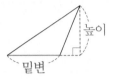

삼각형의 넓이

삼각형의 넓이를 구할 때 평행사변형이나 직사각형으로 만들어 구할 수 있습니다.

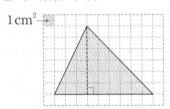 →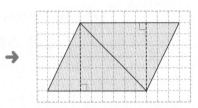

> (삼각형의 넓이)＝(평행사변형의 넓이)÷2
> ＝(밑변의 길이)×(높이)÷2

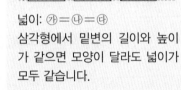

넓이: ㉮＝㉯＝㉰
삼각형에서 밑변의 길이와 높이가 같으면 모양이 달라도 넓이가 모두 같습니다.

[1~3] 평행사변형의 넓이를 이용하여 삼각형의 넓이를 구하려고 합니다. 물음에 답하세요.

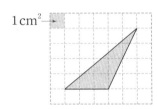 →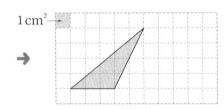

1 주어진 도형과 같은 삼각형을 하나 더 그려서 평행사변형을 만들어 보세요.

2 그림을 보고 ☐ 안에 알맞은 수나 말을 써넣으세요.

> (삼각형의 넓이)＝(밑변의 길이)×(☐)÷☐

3 삼각형의 넓이를 구해 보세요.

(삼각형의 넓이)＝3×☐÷2＝☐(cm²)

1 삼각형의 높이를 나타내어 보세요.

밑변

2 그림을 보고 ☐ 안에 알맞은 수를 써넣으세요.

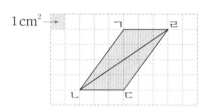

평행사변형 ㄱㄴㄷㄹ의 넓이는 ☐ cm²이므로 삼각형 ㄴㄷㄹ의 넓이는 ☐ cm²입니다.

3 삼각형의 넓이를 구해 보세요.

(1)

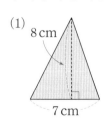

8 cm

7 cm

$7 \times \boxed{} \div \boxed{} = \boxed{}$ (cm²)

(2)

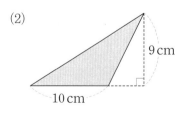

9 cm

10 cm

$\boxed{} \times 9 \div \boxed{} = \boxed{}$ (cm²)

4 그림과 같이 삼각형을 점선을 따라 잘라서 평행사변형이 되도록 붙였습니다. ☐ 안에 알맞은 수를 써넣으세요.

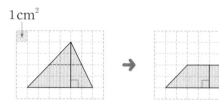

1 cm²

(삼각형의 넓이)
= (밑변의 길이) × (삼각형의 높이의 반)
= $\boxed{} \times 4 \div \boxed{} = \boxed{}$ (cm²)

5 삼각형의 밑변의 길이를 구해 보세요.

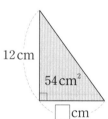

12 cm

54 cm²

☐ cm

(밑변의 길이) = (삼각형의 넓이) × 2 ÷ (높이)
= $\boxed{} \times 2 \div \boxed{}$
= $\boxed{}$ (cm)

6 다음 중 넓이가 다른 삼각형을 찾아 기호를 써 보세요.

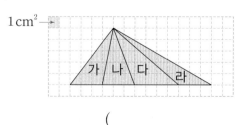

1 cm²

가 나 다 라

(   )

6
단원

⑦ 마름모의 넓이 구하기

○ 평행사변형을 이용하여 마름모의 넓이 구하기

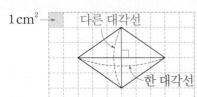
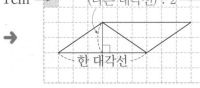

(마름모의 넓이)＝(평행사변형의 넓이)
＝(밑변의 길이)×(높이)
＝(한 대각선의 길이)×(다른 대각선의 길이)÷2

○ 직사각형을 이용하여 마름모의 넓이 구하기

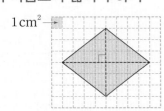
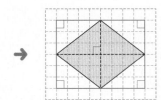

(마름모의 넓이)＝(직사각형의 넓이)÷2
＝(가로)×(세로)÷2
＝(한 대각선의 길이)×(다른 대각선의 길이)÷2

먼저 생각해 봐요   [4−2 6. 다각형]

도형에 대각선을 그어 보고 몇 개인
지 구해 보세요.

(   )

▶ 다각형에서 이웃하지 않는 두 꼭짓점을
이은 선분을 대각선이라고 합니다.

1 마름모의 넓이를 구하는 과정입니다. 보기 에서 알맞은 말을 골라 ☐
안에 써넣으세요.

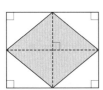

┌─ 보기 ─────────────────────────┐
│ 밑변의 길이   평행사변형   높이 │
│ 다른 대각선의 길이   삼각형   직사각형 │
└──────────────────────────────┘

(마름모의 넓이)＝(☐☐☐☐ 의 넓이)÷2
＝(가로)×(세로)÷2
＝(한 대각선의 길이)×(☐☐☐☐☐)÷2

1 마름모를 모양과 크기가 같은 삼각형으로 잘라서 평행사변형을 만들었습니다. ☐ 안에 알맞은 수를 써넣으세요.

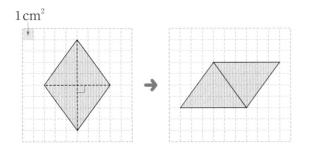

(마름모의 넓이)＝(평행사변형의 넓이)
　　　　　　　＝(밑변의 길이)×(높이)
　　　　　　　＝☐×4＝☐(cm²)

2 마름모의 넓이를 구하려고 합니다. ☐ 안에 알맞은 수를 써넣으세요.

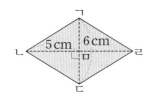

(마름모 ㄱㄴㄷㄹ의 넓이)
＝(삼각형 ㄱㄴㄷ의 넓이)×2
＝☐×2＝☐(cm²)

3 마름모의 넓이를 구해 보세요.

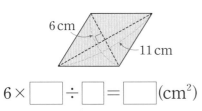

6×☐÷☐=☐(cm²)

4 직사각형 ㄱㄴㄷㄹ의 넓이가 68 cm²일 때, 마름모 ㅁㅂㅅㅇ의 넓이는 몇 cm²인가요?

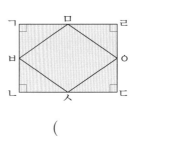

(　　　　　　　　)

5 마름모의 넓이가 42 cm²일 때, ☐ 안에 알맞은 수를 구해 보세요.

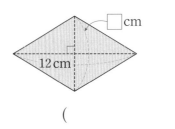

(　　　　　　　　)

6 주어진 마름모와 넓이가 같고 모양이 다른 마름모를 1개 그려 보세요.

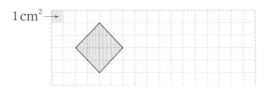

7 한 변이 8 cm인 정사각형의 각 변의 한가운데에 점을 찍고 점들을 이어 마름모를 그렸습니다. 그린 마름모의 넓이는 몇 cm²인가요?

식 _____

답 _____

⑧ 사다리꼴의 넓이 구하기

● 사다리꼴 알아보기

사다리꼴에서 평행한 두 변을 밑변이라 하고, 한 밑변을 윗변, 다른 밑변을 아랫변이라고 합니다. 이때 두 밑변 사이의 거리를 높이라고 합니다.

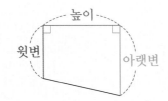

● 사다리꼴의 넓이

사다리꼴의 넓이를 구할 때 평행사변형이나 삼각형으로 만들어 구할 수 있습니다.

사다리꼴 2개를 붙여 평행사변형을 만들면 사다리꼴의 넓이는 평행사변형의 넓이의 반이 됩니다.

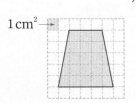
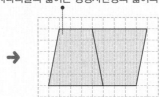

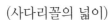

(사다리꼴의 넓이)
= (평행사변형의 넓이) ÷ 2
= (밑변의 길이) × (높이) ÷ 2
= ((윗변의 길이) + (아랫변의 길이)) × (높이) ÷ 2

• 사다리꼴의 넓이 구하기

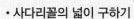

① 평행사변형 1개와 삼각형 1개로 나누어 구하기

② 직사각형 1개와 삼각형 2개로 나누어 구하기

③ 직사각형에서 삼각형 2개를 빼서 구하기

④ 잘라서 삼각형으로 바꾸어 구하기

---

1 사다리꼴의 윗변, 아랫변, 높이를 구해 보세요.

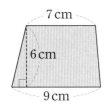

윗변: ☐ cm   아랫변: ☐ cm   높이: ☐ cm

2 사다리꼴의 넓이를 구해 보세요.

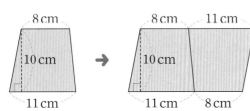

(평행사변형의 넓이)
= (11 + 8) × ☐ = ☐ (cm²)

➡ (사다리꼴의 넓이) = ☐ ÷ 2 = ☐ (cm²)

1 · 보기 · 와 같이 사다리꼴의 높이를 표시해 보세요.

2 사다리꼴을 평행사변형으로 바꾸어 넓이를 구하는 과정입니다. ☐ 안에 알맞은 수를 써넣으세요.

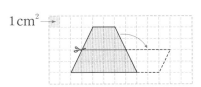

(사다리꼴의 넓이)=(평행사변형의 넓이)

$$=8 \times \boxed{} = \boxed{} (\text{cm}^2)$$

3 사다리꼴의 넓이를 구해 보세요.

(1)
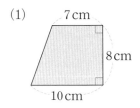

$$(7 + \boxed{}) \times \boxed{} \div 2 = \boxed{} (\text{cm}^2)$$

(2)
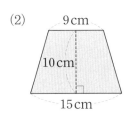

$$(\boxed{} + 15) \times \boxed{} \div 2 = \boxed{} (\text{cm}^2)$$

4 사다리꼴의 넓이를 구하는 방법으로 잘못된 것을 찾아 기호를 써 보세요.

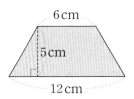

> ㉠ 윗변의 길이와 아랫변의 길이의 합이 18 cm, 높이가 5 cm이니까 넓이는 18×5÷2로 구합니다.
>
> ㉡ 밑변의 길이가 12 cm, 높이가 5 cm이므로 넓이는 12×5로 구합니다.

(   )

5 사다리꼴의 넓이가 110 cm²일 때, 높이를 구해 보세요.

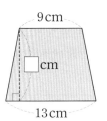

(높이)=(사다리꼴의 넓이)×2
        ÷((윗변의 길이)+(아랫변의 길이))

$$= \boxed{} \times 2 \div (9 + \boxed{})$$

$$= \boxed{} (\text{cm})$$

6 윗변의 길이가 10 m, 아랫변의 길이가 7 m인 사다리꼴 모양의 화단이 있습니다. 이 화단의 높이가 20 m라면 화단의 넓이는 몇 m²인가요?

(   )

스스로 학습책 98쪽

1 주어진 평행사변형과 넓이가 같은 평행사변형을 서로 다른 모양으로 2개 그려 보세요.

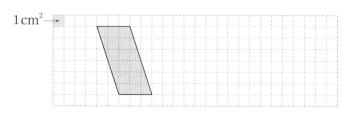

2 삼각형의 넓이 구하는 과정을 설명한 것입니다. 잘못된 것을 찾아 기호를 써 보세요.

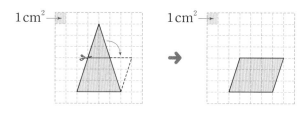

> ㉠ 두 도형의 넓이는 같습니다.
> ㉡ 평행사변형의 높이는 삼각형의 높이의 반입니다.
> ㉢ (삼각형의 넓이)＝(밑변의 길이)×(높이)×2

(   )

3 마름모의 넓이는 $56 \, cm^2$입니다. ☐ 안에 알맞은 수를 써넣으세요.

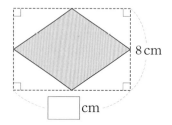

4 마름모의 넓이가 96cm^2일 때, ☐ 안에 알맞은 수를 구해 보세요.

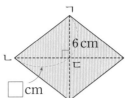

(   )

5 오른쪽 평행사변형에서 ☐ 안에 알맞은 수를 써넣으세요.

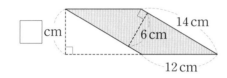

6 삼각형 ㄱㄷㄹ의 넓이는 150cm^2입니다. 사다리꼴 ㄱㄴㄷㄹ의 넓이는 몇 cm^2인가요?

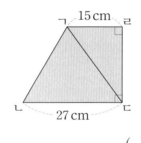

(   )

7 다각형의 넓이는 몇 cm^2인가요?

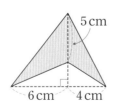

(   )

1 넓이가 같은 도형 찾기

각 도형의 칸 수를 세어 넓이를 비교해요.

★ 넓이가 같은 도형을 찾아 ◯표 하세요.

$1\,\text{cm}^2$

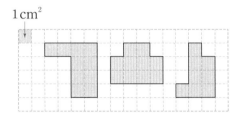

★
★ 넓이가 같은 도형을 찾아 기호를 써 보세요.

$1\,\text{cm}^2$

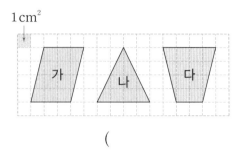

(   )

2 둘레를 이용하여 넓이 구하기

먼저 한 변의 길이를 구하고 넓이를 구해요.

★ 둘레가 $48\,\text{cm}$인 정사각형의 한 변의 길이를 구해 보세요.

□cm

(   )

★
★ 둘레가 $36\,\text{cm}$인 정사각형의 넓이는 몇 cm^2인지 구해 보세요.

(   )

3 직각으로 이루어진 도형의 넓이 구하기

큰 직사각형의 넓이에서 작은 직사각형의 넓이를 빼서 구해요.

★ 정사각형 가와 직사각형 나의 넓이의 차는 몇 cm^2인지 구해 보세요.

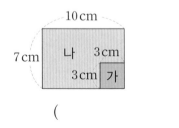

10 cm
7 cm
나 3 cm
3 cm 가

(   )

★
★ 도형의 넓이는 몇 cm^2인지 구해 보세요.

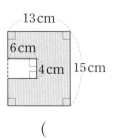

13 cm
6 cm
4 cm
15 cm

(   )

4 넓이가 같은 다른 도형 그리기

주어진 넓이가 되기 위한
도형의 변 또는 대각선의 길이를 생각해요.

★ 넓이가 $6cm^2$인 삼각형을 서로 다른 모양으로 2개 그려 보세요.

$1cm^2$ →

★
★ 주어진 사다리꼴과 넓이가 같은 마름모를 1개 그려 보세요.

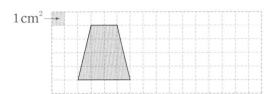

$1cm^2$ →

5 삼각형의 높이 구하기

같은 삼각형이라도 밑변에 따라 높이가 달라져요.

★ 두 삼각형의 넓이가 같을 때, ㉠의 길이는 몇 cm 인지 구해 보세요.

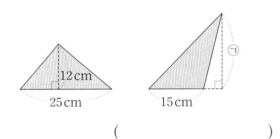

( )

★
★ ☐ 안에 알맞은 수를 써넣으세요.

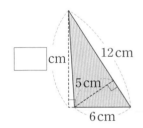

6 높이가 주어지지 않은 사다리꼴의 넓이 구하기

넓이가 주어진 도형을 이용하여 구합니다.

★ 평행사변형이 각각 다음과 같을 때 높이를 찾아 표시해 보세요.

★
★ 사각형 ㄱㄴㅂㅁ이 평행사변형일 때, 사다리꼴 ㄱㄴㄷㄹ의 넓이는 몇 cm^2인지 구해 보세요.

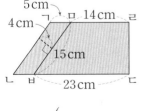

( )

스스로
학습책
101쪽

단원평가

1 마름모의 대각선을 모두 표시해 보세요.

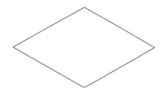

2 정사각형의 둘레를 구하려고 합니다. □ 안에 알맞은 수를 써넣으세요.

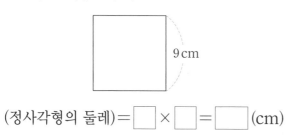

9 cm

(정사각형의 둘레) = □ × □ = □ (cm)

3 사다리꼴의 넓이를 구하려고 합니다. □ 안에 알맞은 수를 써넣으세요.

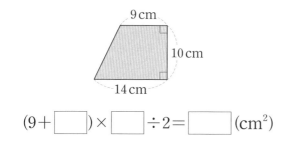

9 cm
10 cm
14 cm

$(9 + \boxed{}) \times \boxed{} \div 2 = \boxed{}$ (cm^2)

4 평행사변형의 넓이는 몇 cm^{2}인가요?

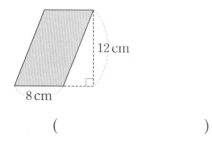

12 cm
8 cm

(   )

5 크기를 비교하여 ◯ 안에 >, =, <를 알맞게 써넣으세요.

(1) 60000 cm^2 ◯ 60 m^2

(2) 5 km^2 ◯ 5000000 m^2

6 □ 안에 알맞은 수를 써넣으세요.

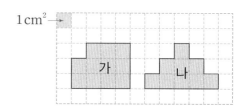

1 cm^2 →
가
나

도형 가는 도형 나보다 넓이가 □ cm^2 더 넓습니다.

7 삼각형의 넓이는 몇 m^{2}인가요?

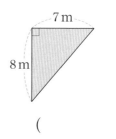

7 m
8 m

(   )

8 한 변이 12 cm인 정사각형 모양의 종이가 있습니다. 이 종이의 넓이는 몇 cm^{2}인가요?

식 _____

답 _____

9 직사각형의 넓이는 몇 m²인지 구해 보세요.

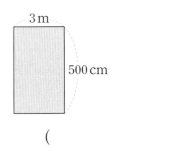
3 m
500 cm

( )

10 직사각형의 둘레가 46 cm일 때, ☐ 안에 알맞은 수를 써넣으세요.

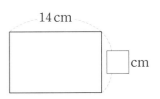
14 cm
☐ cm

11 마름모의 넓이는 96 cm²입니다. ☐ 안에 알맞은 수를 구해 보세요.

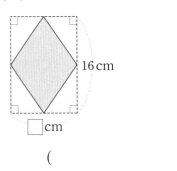
16 cm
☐ cm

( )

12 ☐ 안에 알맞은 수를 써넣으세요.

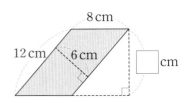
8 cm
12 cm   6 cm
☐ cm

13 삼각형의 넓이가 65 cm²일 때, ☐ 안에 알맞은 수를 써넣으세요.

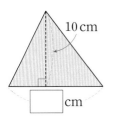
10 cm
☐ cm

14 둘레가 가장 짧은 것을 찾아 기호를 써 보세요.

㉠ 가로가 20 cm, 세로가 5 cm인 직사각형
㉡ 가로가 15 cm, 세로가 11 cm인 직사각형
㉢ 한 변이 15 cm인 정사각형

( )

15 직사각형의 둘레가 20 m일 때, 넓이가 가장 큰 것의 넓이를 구하려고 합니다. 표를 완성하고, 답을 구해 보세요.

가로(m)	1	2	3	4	5	6	7	8	9
세로(m)	9	8							
넓이(m²)	9	16							

( )

16 주어진 마름모와 넓이가 같고 모양이 다른 마름모를 1개 그려 보세요.

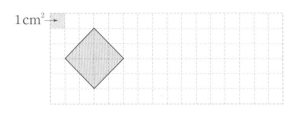

$1\,cm^2$ →

17 색칠한 부분의 넓이를 구해 보세요.

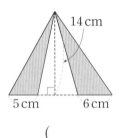

14 cm

5 cm   6 cm

(   )

18 사다리꼴 ㄱㄴㄷㄹ의 넓이가 $225\,cm^2$일 때, ☐ 안에 알맞은 수를 구해 보세요.

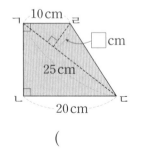

ㄱ 10 cm ㄹ

☐ cm

25 cm

ㄴ 20 cm ㄷ

(   )

19 직사각형의 가로는 세로의 2배이고 둘레가 36 m일 때, 넓이는 몇 m^2인지 풀이 과정을 쓰고, 답을 구해 보세요.

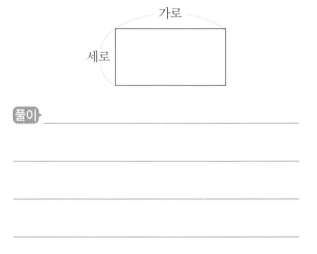

가로

세로

풀이 _____

_____

_____

답 _____

20 ☐ 안에 알맞은 수를 구하는 풀이 과정을 쓰고, 답을 구해 보세요.

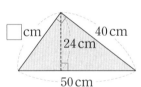

☐ cm   40 cm

24 cm

50 cm

풀이 _____

_____

_____

답 _____

단원평가

1 삼각형에서 높이를 나타내는 것을 찾아 기호를 써 보세요.

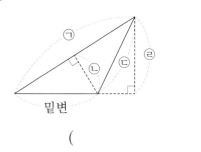

밑변

(　　　　　　　)

2 평행사변형을 보고 □ 안에 알맞은 말을 써넣으세요.

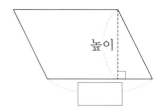

높이

3 □ 안에 알맞은 수를 써넣으세요.

(1) $120000 \text{ cm}^2 = \boxed{} \text{ m}^2$

(2) $3.7 \text{ m}^2 = \boxed{} \text{ cm}^2$

4 직사각형의 둘레는 몇 cm인지 구해 보세요.

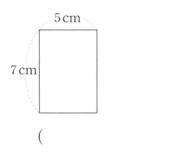

5 cm

7 cm

(　　　　　　　)

5 삼각형의 넓이는 몇 cm^2일까요?

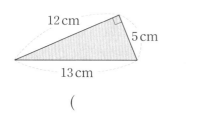

12 cm

5 cm

13 cm

(　　　　　　　)

6 그림과 같은 정사각형 모양의 거울의 넓이는 몇 cm^2일까요?

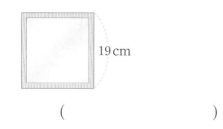

19 cm

(　　　　　　　)

7 넓이가 같은 두 도형을 찾아 기호를 써 보세요.

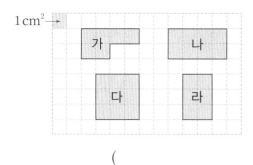

1cm^2

가　　나

다　　라

(　　　　　　　)

8 넓이가 다른 평행사변형을 찾아 기호를 써 보세요.

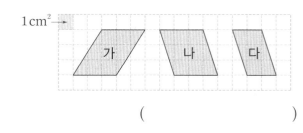

1cm^2

가　　나　　다

(　　　　　　　)

6
단원

9 마름모의 넓이는 몇 cm²인가요?

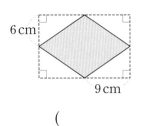

(   )

10 윗변이 8km이고 아랫변이 15km인 사다리꼴 모양의 땅이 있습니다. 이 땅의 높이가 8km이면 넓이는 몇 km²일까요?

(   )

11 둘레가 36cm인 정육각형의 한 변의 길이를 구해 보세요.

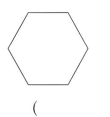

(   )

12 삼각형의 높이를 구해 보세요.

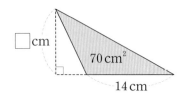

(높이)＝(삼각형의 넓이)×2÷(밑변의 길이)

＝ ☐ ×2÷ ☐ ＝ ☐ (cm)

13 직사각형의 넓이가 70cm²일 때, 둘레는 몇 cm인가요?

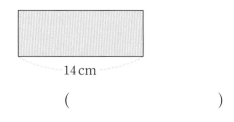

(   )

14 민지는 사다리꼴 모양의 앞치마를 만들었습니다. 앞치마의 넓이가 60cm²일 때, 높이는 몇 cm인가요?

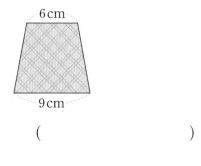

(   )

15 넓이가 40cm²인 마름모가 있습니다. ☐ 안에 알맞은 수를 써넣으세요.

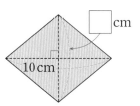

서술형

16 주어진 삼각형과 넓이가 같은 사다리꼴을 그려 보세요.

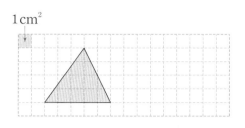

1 cm²

17 도형의 넓이를 구해 보세요.

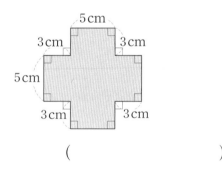

5 cm
3 cm   3 cm
5 cm
3 cm   3 cm

( )

18 둘레가 36 cm, 넓이가 72 cm²이고 세로가 가로보다 더 긴 직사각형이 있습니다. 이 직사각형의 가로와 세로는 각각 몇 cm인지 구해 보세요.

가로 ( )

세로 ( )

19 오른쪽 사다리꼴의 넓이가 100 cm²일 때, 사다리꼴의 높이는 몇 cm인지 풀이 과정을 쓰고, 답을 구해 보세요.

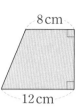

8 cm
12 cm

풀이 _____

_____

_____

답 _____

20 큰 마름모의 대각선의 길이의 반을 대각선의 길이로 하는 작은 마름모를 그렸습니다. 색칠한 부분의 넓이는 몇 cm²인지 풀이 과정을 쓰고, 답을 구해 보세요.

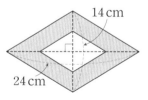

14 cm
24 cm

풀이 _____

_____

_____

답 _____

6 단원

보물 상자를 찾아라!

보물 상자가 있는 곳까지 가는 길을 찾아보세요.

월등한 개념 수학

계통으로 수학이 쉬워지는
새로운 개념기본서

초등수학 6-1

스스로 학습책

1 분수의 나눗셈

1 (자연수)÷(자연수)의 몫을 분수로 나타내기

[1~10] 나눗셈의 몫을 분수로 나타내어 보세요.

1 $1 \div 6$

2 $5 \div 7$

3 $8 \div 11$

4 $6 \div 13$

5 $9 \div 15$

6 $20 \div 7$

7 $12 \div 5$

8 $17 \div 8$

9 $19 \div 11$

10 $24 \div 13$

2 (분수)÷(자연수)를 분자의 나눗셈으로 계산하기

[1~4] ☐ 안에 알맞은 수를 써넣으세요.

1 $\dfrac{4}{5} \div 2 = \dfrac{4 \div \square}{5} = \dfrac{\square}{5}$

2 $\dfrac{9}{10} \div 3 = \dfrac{9 \div \square}{10} = \dfrac{\square}{10}$

3 $\dfrac{6}{11} \div 2 = \dfrac{6 \div \square}{11} = \dfrac{\square}{11}$

4 $\dfrac{5}{7} \div 5 = \dfrac{5 \div \square}{7} = \dfrac{\square}{7}$

[5~10] 계산해 보세요.

5 $\dfrac{8}{9} \div 4$

6 $\dfrac{7}{10} \div 7$

7 $\dfrac{14}{23} \div 7$

8 $\dfrac{16}{17} \div 4$

9 $\dfrac{24}{25} \div 8$

10 $\dfrac{27}{47} \div 9$

③ (분수)÷(자연수)를 분수의 곱셈으로 계산하기

[1~8] □ 안에 알맞은 수를 써넣으세요.

[9~18] 계산해 보세요.

1 $\dfrac{1}{2} \div 3 = \dfrac{1}{2} \times \dfrac{1}{\square} = \dfrac{\square}{\square}$

2 $\dfrac{3}{5} \div 4 = \dfrac{3}{5} \times \dfrac{1}{\square} = \dfrac{\square}{\square}$

3 $\dfrac{7}{8} \div 6 = \dfrac{7}{8} \times \dfrac{1}{\square} = \dfrac{\square}{\square}$

4 $\dfrac{4}{7} \div 5 = \dfrac{4}{7} \times \dfrac{1}{\square} = \dfrac{\square}{\square}$

5 $\dfrac{4}{3} \div 5 = \dfrac{4}{3} \times \dfrac{1}{\square} = \dfrac{\square}{\square}$

6 $\dfrac{7}{2} \div 6 = \dfrac{7}{2} \times \dfrac{1}{\square} = \dfrac{\square}{\square}$

7 $\dfrac{8}{5} \div 3 = \dfrac{8}{5} \times \dfrac{1}{\square} = \dfrac{\square}{\square}$

8 $\dfrac{9}{4} \div 7 = \dfrac{9}{4} \times \dfrac{1}{\square} = \dfrac{\square}{\square}$

9 $\dfrac{1}{3} \div 5$

10 $\dfrac{5}{6} \div 7$

11 $\dfrac{2}{9} \div 8$

12 $\dfrac{3}{11} \div 6$

13 $\dfrac{11}{14} \div 3$

14 $\dfrac{10}{21} \div 5$

15 $\dfrac{11}{8} \div 2$

16 $\dfrac{14}{9} \div 8$

17 $\dfrac{16}{11} \div 6$

18 $\dfrac{20}{7} \div 12$

4 (대분수)÷(자연수)

[1~8] □ 안에 알맞은 수를 써넣으세요.

1　$2\dfrac{2}{3} \div 4 = \dfrac{\square}{3} \div 4 = \dfrac{\square \div 4}{3} = \dfrac{\square}{3}$

2　$2\dfrac{1}{4} \div 3 = \dfrac{\square}{4} \div 3 = \dfrac{\square \div 3}{4} = \dfrac{\square}{4}$

3　$2\dfrac{2}{5} \div 6 = \dfrac{\square}{5} \div 6 = \dfrac{\square \div 6}{5} = \dfrac{\square}{5}$

4　$1\dfrac{3}{7} \div 5 = \dfrac{\square}{7} \div 5 = \dfrac{\square \div 5}{7} = \dfrac{\square}{7}$

5　$1\dfrac{1}{4} \div 3 = \dfrac{\square}{\square} \times \dfrac{\square}{\square} = \dfrac{\square}{\square}$

6　$3\dfrac{2}{5} \div 4 = \dfrac{\square}{\square} \times \dfrac{\square}{\square} = \dfrac{\square}{\square}$

7　$4\dfrac{3}{8} \div 6 = \dfrac{\square}{\square} \times \dfrac{\square}{\square} = \dfrac{\square}{\square}$

8　$2\dfrac{5}{6} \div 7 = \dfrac{\square}{\square} \times \dfrac{\square}{\square} = \dfrac{\square}{\square}$

[9~18] 계산해 보세요.

9　$1\dfrac{2}{3} \div 8$

10　$5\dfrac{3}{4} \div 6$

11　$8\dfrac{1}{2} \div 9$

12　$2\dfrac{7}{9} \div 5$

13　$6\dfrac{4}{5} \div 3$

14　$3\dfrac{5}{7} \div 10$

15　$3\dfrac{1}{3} \div 10$

16　$2\dfrac{5}{8} \div 5$

17　$4\dfrac{3}{11} \div 2$

18　$3\dfrac{3}{4} \div 5$

① (자연수)÷(자연수)의 몫을 분수로 나타내기

정답과 해설 42쪽

1 그림을 보고 4÷3의 몫을 분수로 나타내어 보세요.

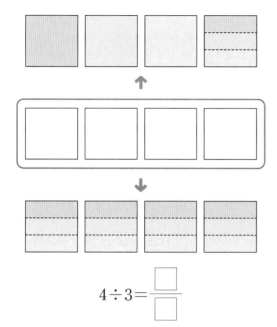

$$4÷3=\frac{\square}{\square}$$

2 ☐ 안에 알맞은 수를 써넣으세요.

$$16÷5=3\cdots\square,$$

나머지 ☐을/를 5로 나누면 $\frac{\square}{5}$입니다.

➔ $16÷5=3\frac{\square}{5}=\frac{\square}{5}$

3 나눗셈의 몫을 분수로 나타내어 보세요.

(1) $1÷7$ (2) $2÷13$

(3) $17÷6$ (4) $11÷15$

4 나눗셈의 몫을 자연수 또는 분수로 구해 보세요.

(1) $18÷9=\square$ (2) $6÷2=\square$

$9÷9=\square$ $5÷2=\square$

$8÷9=\square$ $4÷2=\square$

$7÷9=\square$ $3÷2=\square$

5 크기를 비교하여 ◯ 안에 >, =, <를 알맞게 써넣으세요.

(1) $1÷10$ ◯ $\frac{1}{20}$

(2) $7÷6$ ◯ $\frac{9}{10}$

6 분수로 나타낸 나눗셈의 몫이 1보다 큰 것을 찾아 기호를 써 보세요.

| ㉠ $4÷5$ ㉡ $20÷31$ ㉢ $7÷3$ |

(   )

1 나눗셈의 몫만큼 그림에 빗금을 긋고, ☐ 안에 알맞은 수를 써넣으세요.

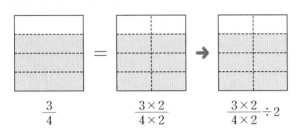

$$\frac{3}{4} \qquad \frac{3\times2}{4\times2} \qquad \frac{3\times2}{4\times2}\div2$$

$$\frac{3}{4}\div2=\frac{3\times2}{4\times2}\div2=\frac{\boxed{}}{\boxed{}}$$

2 ☐ 안에 알맞은 수를 써넣으세요.

(1) $\dfrac{8}{11}\div4=\dfrac{\boxed{}\div4}{11}=\dfrac{\boxed{}}{11}$

(2) $\dfrac{7}{12}\div2=\dfrac{\boxed{}}{24}\div2=\dfrac{\boxed{}\div2}{24}=\dfrac{\boxed{}}{24}$

3 계산해 보세요.

(1) $9\div3=\boxed{}$

$\dfrac{9}{10}\div3=\boxed{}$

$\dfrac{9}{20}\div3=\boxed{}$

(2) $7\div5=\boxed{}$

$\dfrac{7}{8}\div5=\boxed{}$

$\dfrac{7}{9}\div5=\boxed{}$

4 잘못 계산한 곳을 찾아 바르게 계산해 보세요.

$$\frac{5}{12}\div4=\frac{5}{12\div4}=\frac{5}{3}=1\frac{2}{3}$$

→ _____

5 나눗셈의 몫이 다른 하나를 찾아 기호를 써 보세요.

$$\text{㉠ } \frac{8}{9}\div6 \qquad \text{㉡ } \frac{16}{18}\div6 \qquad \text{㉢ } \frac{16}{20}\div6$$

(   )

6 나눗셈의 몫을 구하여 빈칸에 써넣으세요.

$\dfrac{5}{7}\div2$	$\dfrac{5}{7}\div3$	$\dfrac{5}{7}\div4$

7 계산을 보고 ☐ 안에 알맞은 수를 써넣으세요.

$$\frac{4}{9}\div3=\frac{4\times3\div3}{9\times3}=\frac{4}{9\times3}$$

$$\frac{5}{8}\div4=\frac{5}{8\times\boxed{}}$$

1 나눗셈을 곱셈으로 바꾸어 계산해 보세요.

(1) $\dfrac{3}{7} \div 2 = \dfrac{3}{7} \times \dfrac{1}{\boxed{}} = \boxed{}$

(2) $\dfrac{7}{10} \div 3 = \dfrac{7}{10} \times \dfrac{1}{\boxed{}} = \boxed{}$

2 ·보기· 와 같은 방법으로 계산하여 나눗셈의 몫을 기약분수로 나타내어 보세요.

┌─ 보기 ─────────────┐

$\dfrac{6}{9} \div 3 = \dfrac{6}{9 \times 3} = \dfrac{2 \times 3}{9 \times 3} = \dfrac{2}{9}$

└────────────────────┘

(1) $\dfrac{10}{9} \div 2 = $ _____

(2) $\dfrac{15}{17} \div 5 = $ _____

3 계산해 보세요.

(1) $\dfrac{7}{8} \div 2 = \boxed{}$

$\dfrac{7}{8} \div 4 = \boxed{}$

$\dfrac{7}{8} \div 8 = \boxed{}$

(2) $\dfrac{4}{7} \div 3 = \boxed{}$

$\dfrac{8}{7} \div 3 = \boxed{}$

$\dfrac{16}{7} \div 3 = \boxed{}$

4 잘못 계산한 곳을 찾아 바르게 계산해 보세요.

┌──────────────────────────────┐

$\dfrac{3}{10} \div 5 = \dfrac{3}{10 \div 5} = \dfrac{3}{2} = 1\dfrac{1}{2}$

└──────────────────────────────┘

→ _____

5 계산 결과가 다른 것을 찾아 기호를 써 보세요.

┌──────────────────────────────┐

㉠ $\dfrac{4}{5} \div 2$ ㉡ $\dfrac{4}{5 \times 2}$

㉢ $\dfrac{4}{5} \times \dfrac{1}{2}$ ㉣ $\dfrac{4 \times 2}{5}$

└──────────────────────────────┘

(_____)

6 나눗셈을 하여 빈칸에 알맞은 수를 써넣으세요.

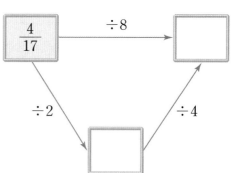

1 $2\dfrac{1}{7}\div5$를 두 가지 방법으로 계산해 보세요.

방법 1 $2\dfrac{1}{7}\div5=\dfrac{\boxed{}}{7}\div5$

$=\dfrac{\boxed{}\div5}{7}=\dfrac{\boxed{}}{7}$

방법 2 $2\dfrac{1}{7}\div5=\dfrac{\boxed{}}{7}\div5=\dfrac{\boxed{}}{7}\times\dfrac{1}{\boxed{}}$

$=\dfrac{\boxed{}}{\boxed{}}$

2 계산해 보세요.

(1) $1\dfrac{1}{4}\div5=\boxed{}$

$2\dfrac{2}{4}\div5=\boxed{}$

$3\dfrac{3}{4}\div5=\boxed{}$

(2) $1\dfrac{1}{11}\div2=\boxed{}$

$1\dfrac{1}{11}\div4=\boxed{}$

$1\dfrac{1}{11}\div8=\boxed{}$

3 나눗셈의 몫을 구하고 그 몫을 수직선에 표시해 보세요.

$5\dfrac{1}{3}\div8=\boxed{}$ $5\dfrac{1}{3}\div4=\boxed{}$

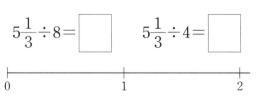

4 계산한 값이 다른 하나는 어느 것인가요?

.... ( )

① $\dfrac{21}{8}\times\dfrac{1}{7}$ ② $2\dfrac{5}{8}\times7$

③ $\dfrac{21\div7}{8}$ ④ $2\dfrac{5}{8}\times\dfrac{1}{7}$

⑤ $2\dfrac{5}{8}\div7$

5 잘못 계산한 곳을 찾아 바르게 계산해 보세요.

$$2\dfrac{6}{7}\div2=2\dfrac{6\div2}{7}=2\dfrac{3}{7}$$

$2\dfrac{6}{7}\div2$ _____

6 찰흙 $1\dfrac{1}{5}$ kg을 5명이 똑같이 나누어 가졌습니다. 한 사람이 가진 찰흙은 몇 kg인가요?

( )

1 나머지와 값이 다른 하나를 찾아 기호를 써 보세요.

> ㉠ $23 \div 6$ ㉡ $23 \times \dfrac{1}{6}$ ㉢ $\dfrac{6}{23}$ ㉣ $3\dfrac{5}{6}$

(   )

2 빈칸에 알맞은 수를 써넣으세요.

(1)

÷3

7	
$\dfrac{7}{9}$	
$1\dfrac{7}{9}$	

(2)

÷7

14	
$\dfrac{14}{15}$	
$1\dfrac{14}{15}$	

3 나눗셈의 몫이 1보다 작은 것을 모두 찾아 기호를 써 보세요.

> ㉠ $6 \div 5$ ㉡ $2 \div 9$ ㉢ $11 \div 10$ ㉣ $12 \div 17$

(   )

4 ☐ 안에 알맞은 수를 써넣으세요.

(1) 15는 3의 ☐ 배입니다.

(2) $3\dfrac{3}{4}$은 3의 ☐ 배입니다.

5 빈칸에 알맞은 수를 써넣으세요.

(1)
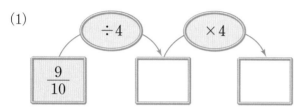

(2)
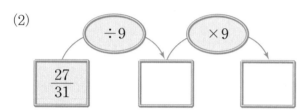

6 ☐ 안에는 2부터 9까지의 숫자가 들어갈 수 있습니다. 물음에 답하세요.

$$㉠\ \frac{5}{8}\times\square \qquad ㉡\ \frac{5}{8}\div\square$$

(1) ㉠과 ㉡을 계산하는 식을 찾아 기호를 써 보세요.

$$\frac{5}{8\times\square} \qquad\qquad \frac{5\times\square}{8}$$

(   )   (   )

(2) ㉡ 식의 계산 결과가 분자가 1인 분수일 때 ☐ 안에 들어갈 수 있는 수를 구해 보세요.

(   )

7 빈칸에 알맞은 수를 써넣으세요.

(1)   (2)
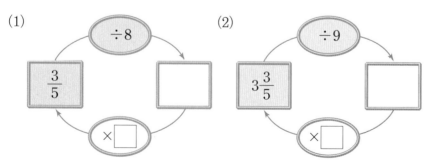

8 오른쪽 정사각형의 둘레는 21 m입니다. 이 정사각형의
한 변의 길이는 몇 m인가요?

(   )

9 우유 $\frac{12}{13}$ L를 4명이 똑같이 나누어 마시려고 합니다. 한 사람이 몇 L씩
마실 수 있나요?

(   )

10 넓이가 $6\frac{1}{8}$ cm²인 직사각형의 세로가 7 cm일 때 가로는 몇 cm인가요?

(   )

11 ☐ 안에 들어갈 수 있는 자연수를 모두 써 보세요.

$$1 < 3\frac{5}{6} \div \square$$

(   )

개념
학습책
18쪽

12 잡곡 4 kg으로 밥을 지으려면 $\frac{28}{5}$ L의 물이 필요합니다. 물음에 답하세요.

⑴ 잡곡 1 kg으로 밥을 지으려면 몇 L의 물이 필요한가요?

(   )

⑵ 잡곡 10 kg으로 밥을 지으려면 몇 L의 물이 필요한가요?

(   )

13 그림과 같이 정육각형을 6등분 해서 5칸에 색칠했습니다. 정육각형의 넓이가 $2\frac{4}{7}$ cm²일 때 색칠한 부분의 넓이는 몇 cm²인지 구해 보세요.

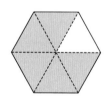

(   )

14 생수 4 L를 여학생 5명이 똑같이 나누어 마시고, 생수 6 L를 남학생 7명이 똑같이 나누어 마셨습니다. 학생 한 명이 마신 생수의 양은 여학생과 남학생 중 누가 더 많은가요?

(   )

1 □ 안에 알맞은 수를 구해 보세요.

$$\square \times 3 = 1\frac{1}{11} \div 4$$

( )

2 어떤 자연수를 7로 나누어야 할 것을 잘못하여 7을 곱했더니 105가 되었습니다. 바르게 계산하면 얼마인지 몫을 분수로 나타내어 보세요.

( )

3 □ 안에 들어갈 수 있는 자연수를 모두 써 보세요.

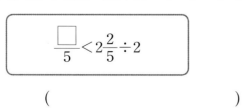

$$\frac{\square}{5} < 2\frac{2}{5} \div 2$$

( )

4 수 카드 3장을 모두 사용하여 계산 결과가 가장 작은 나눗셈식을 만들고 계산해 보세요.

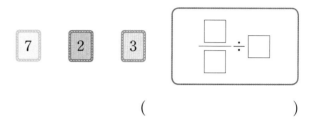

7   2   3

$$\frac{\square}{\square} \div \square$$

( )

5 밀가루 $4\frac{2}{7}$ kg을 5봉지에 똑같이 나누어 담아 3봉지를 팔았습니다. 팔고 남은 밀가루는 몇 kg 인가요?

( )

6 수직선에서 ㉠이 나타내는 수를 대분수로 나타내어 보세요.

$\frac{5}{4}$ ㉠ $6\frac{2}{3}$

( )

학교시험대비 단원평가

점수	확인

1 그림을 보고 □ 안에 알맞은 수를 써넣으세요.

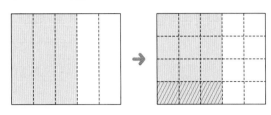

$$\frac{3}{5} \div 4 = \frac{3}{5} \times \frac{\boxed{}}{\boxed{}} = \frac{\boxed{}}{\boxed{}}$$

2 □ 안에 알맞은 수를 써넣으세요.

$1 \div 8 = \dfrac{1}{\boxed{}}$ 입니다.

$3 \div 8$ 은 $\dfrac{1}{8}$ 이 $\boxed{}$ 개입니다.

따라서 $3 \div 8 = \dfrac{\boxed{}}{8}$ 입니다.

3 나눗셈의 몫을 분수로 바르게 나타낸 것은 어느 것인가요? ····························· (   )

① $7 \div 11 = \dfrac{11}{7}$ ② $9 \div 14 = \dfrac{9}{11}$

③ $8 \div 13 = \dfrac{13}{8}$ ④ $9 \div 13 = \dfrac{9}{13}$

⑤ $10 \div 17 = \dfrac{17}{10}$

4 관계있는 것끼리 이어 보세요.

$\dfrac{9}{10} \div 4$ ·

$\dfrac{5}{6} \div 2$ ·

· $\dfrac{5}{6} \times \dfrac{1}{2}$

· $\dfrac{9}{10} \times \dfrac{1}{4}$

· $\dfrac{6}{5} \times \dfrac{1}{2}$

5 보기 와 같이 계산해 보세요.

보기
$$\frac{15}{4} \div 5 = \frac{15 \div 5}{4} = \frac{3}{4}$$

$\dfrac{40}{9} \div 8 = $ _____

6 빈칸에 알맞은 분수를 써넣으세요.

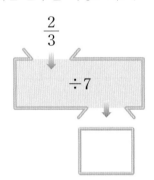

7 나눗셈을 하여 기약분수로 나타내어 보세요.

$$\frac{2}{9} \div 6$$

(   )

정답과 해설 45쪽

8 가분수를 자연수로 나눈 몫을 빈칸에 써넣으세요.

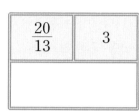

9 계산 결과를 비교하여 ◯ 안에 >, =, <를 알맞게 써넣으세요.

$$6\frac{3}{7} \div 5 \quad \bigcirc \quad \frac{55}{6} \div 11$$

10 가장 큰 수를 가장 작은 수로 나눈 몫을 구해 보세요.

$$6\frac{7}{8}, \quad 6, \quad 5$$

(   )

11 계산 결과가 다른 하나를 찾아 기호를 써 보세요.

$$㉠ \frac{15}{8} \div 5 \quad ㉡ 4\frac{1}{6} \div 15 \quad ㉢ 3\frac{3}{4} \div 10$$

(   )

12 □ 안에 알맞은 수를 써넣으세요.

$$9 \times \boxed{} = 7\frac{1}{11}$$

13 승민이는 $\frac{11}{7}$ km인 거리를 자전거를 타고 4분만에 가려고 합니다. 1분에 몇 km씩 달려야 하나요?

(   )

14 넓이가 $5\frac{9}{11}$ cm²인 정사각형을 8등분 했습니다. 색칠한 부분의 넓이는 몇 cm²인가요?

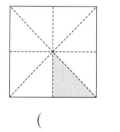

(   )

15 □ 안에 들어갈 수 있는 가장 작은 자연수를 구해 보세요.

$$13\frac{1}{2} \div 3 < \boxed{}$$

(   )

16 수 카드 4 , 7 , 9 를 모두 사용하여 계산 결과가 가장 작은 나눗셈식을 만들려고 합니다. 그때의 계산 결과를 구해 보세요.

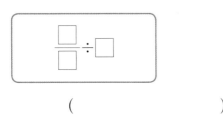

( )

17 어떤 분수를 9로 나누어야 할 것을 잘못하여 9를 곱했더니 25가 되었습니다. 바르게 계산한 몫을 분수로 나타내어 보세요.

( )

18 둘레가 $5\frac{3}{5}$ km인 원 모양의 연못이 있습니다. 이 연못의 둘레를 따라 같은 간격으로 나무 7그루를 심으려고 합니다. 나무는 몇 km 간격으로 심어야 하나요?

( )

19 어떤 분수에 8을 곱한 다음 5로 나누었더니 $\frac{32}{15}$ 가 되었습니다. 어떤 분수는 얼마인지 풀이 과정을 쓰고, 답을 구해 보세요.

풀이 _____

_____

_____

답 _____

20 가장 큰 정사각형의 넓이는 $\frac{20}{3}$ cm²입니다. 그림과 같이 각 변의 한가운데 점을 이어 정사각형을 계속 그렸습니다. 색칠한 정사각형의 넓이는 몇 cm²인지 풀이 과정을 쓰고, 답을 구해 보세요.

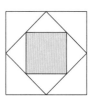

풀이 _____

_____

_____

_____

답 _____

2 각기둥과 각뿔

1 각기둥 알아보기

정답과 해설 47쪽

[1~3] 도형을 보고 물음에 답하세요.

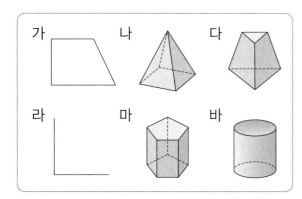

가　나　다

라　마　바

1 평면도형을 모두 찾아 기호를 써 보세요.

( )

2 입체도형을 모두 찾아 기호를 써 보세요.

( )

3 각기둥을 찾아 기호를 써 보세요.

( )

4 각기둥에서 밑면에 수직인 면은 모두 몇 개인가요?

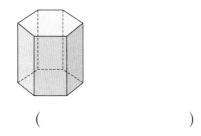

( )

5 각기둥의 겨냥도를 완성해 보세요.

(1)

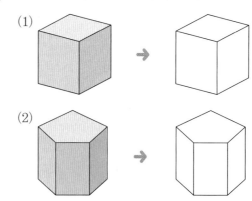

(2)

6 각기둥에 대하여 잘못 설명한 것을 찾아 기호를 써 보세요.

> ㉠ 옆면은 모두 직사각형입니다.
> ㉡ 두 밑면은 서로 합동이고 수직입니다.
> ㉢ 옆면의 수는 한 밑면의 변의 수와 같습니다.

( )

7 각기둥에서 밑면을 모두 찾아 써 보세요.

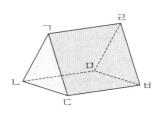

( )

1 각기둥의 이름을 써 보세요.

(1) 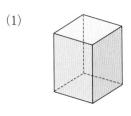   (2)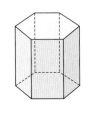

(   ) (   )

2 주희는 수학 시간에 각기둥을 그렸습니다. 밑면의 모양이 오른쪽과 같을 때 주희가 그린 각기둥의 이름을 써 보세요.

(   )

3 오른쪽 각기둥을 보고 물음에 답하세요.

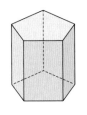

(1) 한 밑면의 변은 몇 개인가요?

(   )

(2) 꼭짓점은 몇 개인가요?

(   )

(3) 면은 몇 개인가요?

(   )

(4) 모서리는 몇 개인가요?

(   )

4 각기둥의 높이는 몇 cm인가요?

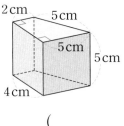

(   )

[5~6] 각기둥을 보고 물음에 답하세요.

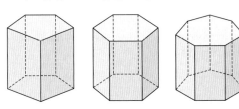

5 표를 완성해 보세요.

도형	한 밑면의 변의 수(개)	꼭짓점의 수(개)	면의 수(개)	모서리의 수(개)
오각기둥				
육각기둥				
칠각기둥				

6 위 표에서 규칙을 찾아 식으로 나타내었습니다. ☐ 안에 알맞은 수를 써넣으세요.

(1) (꼭짓점의 수)＝(한 밑면의 변의 수)×☐

(2) (면의 수)＝(한 밑면의 변의 수)＋☐

(3) (모서리의 수)＝(한 밑면의 변의 수)×☐

7 면이 11개인 각기둥의 이름을 써 보세요.

(   )

1 어떤 도형의 전개도인지 써 보세요.

(1)

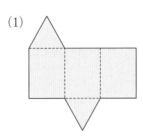

( )

(2)

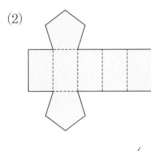

( )

2 전개도를 보고 물음에 답하세요.

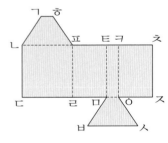

(1) 전개도를 접었을 때 선분 ㄴㄷ과 맞닿는 선분을 찾아 ○표 하세요.

선분 ㄱㄴ   선분 ㅁㅂ   선분 ㅊㅈ

(2) 전개도를 접었을 때 면 ㅁㅂㅅㅇ과 평행한 면을 찾아 써 보세요.

( )

3 밑면이 정사각형인 사각기둥의 전개도를 두 가지 그려 보세요.

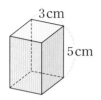

3cm

5cm

1cm
1cm

4 전개도를 접어 각기둥을 만들었습니다. □ 안에 알맞은 수를 써넣으세요.

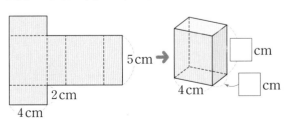

5cm →
2cm
4cm

4cm

□cm
□cm

1 어떤 입체도형에 대한 설명인가요?

> • 두 밑면은 서로 평행하고 합동인 오각형입니다.
> • 옆면은 모두 직사각형이고 밑면에 수직입니다.

(   )

2 오른쪽 각기둥에서 높이를 잴 수 있는 모서리는 모두 몇 개인가요?

(   )

서술형

3 다음 문장이 옳으면 ○표, 틀리면 ×표 하고, 틀린 문장을 바르게 고쳐 보세요.

• 육각기둥의 면의 수는 삼각기둥의 면의 수의 2배입니다.

(   )

• 옆면이 5개인 각기둥은 오각기둥입니다.   (   )

• 각기둥은 모서리의 수가 면의 수보다 더 많습니다.   (   )

바르게 고치기 _____

4 전개도를 접었을 때 선분 ㄱㄴ과 맞닿는 선분을 찾아 써 보세요.

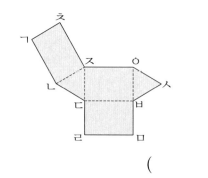

(   )

5 오른쪽 각기둥의 모든 모서리의 길이의 합은 몇 cm인
가요?

(   )

서술형

6 오른쪽 그림은 사각기둥의 전개도가 아닙니다. 그 이유
를 써 보세요.

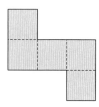

이유 _____

_____

7 밑면의 모양이 오른쪽과 같은 각기둥의 면은 몇 개인가
요?

(   )

8 전개도를 접어서 만든 각기둥의 모서리는 몇 개인가요?

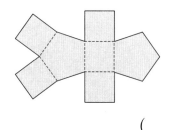

(   )

1 각뿔을 모두 찾아 기호를 써 보세요.

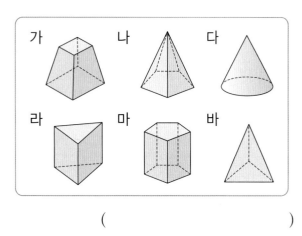

가 나 다

라 마 바

(   )

2 각뿔을 보고 물음에 답하세요.

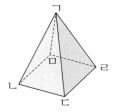

(1) 밑면을 찾아 써 보세요.

(   )

(2) 옆면은 모두 몇 개인가요?

(   )

3 각뿔을 옆으로 눕혀 놓았습니다. □ 안에 알맞은 말을 써넣으세요.

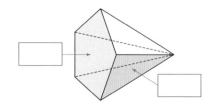

4 각뿔에서 옆면을 한 개 그리고 어떤 모양인지 써 보세요.

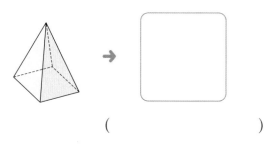

(   )

5 오른쪽 입체도형은 각뿔이 아닙니다. 각뿔이 아닌 이유를 찾아 기호를 써 보세요.

⊙ 밑면이 다각형이 아닙니다.
ⓛ 옆면이 삼각형이 아닙니다.
ⓒ 두 밑면이 합동이 아닙니다.

(   )

6 입체도형을 보고 표를 완성해 보세요.

가 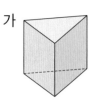 나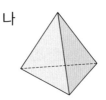

도형	밑면의 모양	옆면의 모양	밑면의 수(개)
가			
나			

1 ☐ 안에 알맞은 말을 써넣으세요.

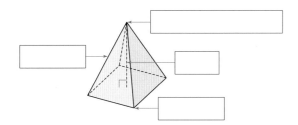

2 각뿔의 높이를 바르게 잰 것을 찾아 ◯표 하세요.

(   ) (   ) (   )

3 각뿔의 이름을 써 보세요.

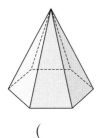

(   )

4 각뿔의 높이는 몇 cm인가요?

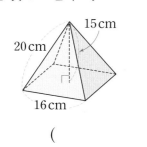

15 cm
20 cm
16 cm

(   )

[5~6] 각뿔을 보고 물음에 답하세요.

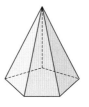 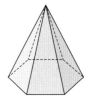 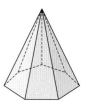

5 표를 완성해 보세요.

도형	밑면의 변의 수(개)	꼭짓점의 수(개)	면의 수(개)	모서리의 수(개)
오각뿔				
육각뿔				
칠각뿔				

6 위 표에서 규칙을 찾아 식으로 나타내었습니다. ☐ 안에 알맞은 수나 말을 써넣으세요.

(1) (꼭짓점의 수)＝(밑면의 변의 수)＋☐

(2) (면의 수)＝(밑면의 변의 수)＋☐

(3) (☐의 수)＝(밑면의 변의 수)×2

7 오각뿔에 대해 잘못 설명한 사람의 이름을 써 보세요.

- 선아: 꼭짓점은 모두 6개야.
- 지호: 밑면의 모양은 오각형이야.
- 예준: 옆면은 1개야.

(   )

1 두 입체도형에서 서로 개수가 같은 것을 찾아 기호를 써 보세요.

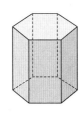 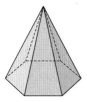

㉠ 모서리의 수 　　㉡ 꼭짓점의 수
㉢ 밑면의 수 　　㉣ 옆면의 수

(　　　　　　　　)

2 밑면의 모양이 오른쪽과 같은 각뿔의 모서리는 몇 개인가요?

(　　　　　　　　)

3 밑면과 옆면의 모양이 오른쪽과 같은 입체도형의 이름을 써 보세요.

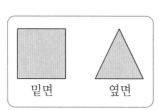

밑면　　　　옆면

(　　　　　　　　)

4 수가 많은 것부터 차례로 기호를 써 보세요.

㉠ 삼각뿔의 모서리의 수
㉡ 오각기둥의 면의 수
㉢ 팔각뿔의 꼭짓점의 수
㉣ 사각기둥의 모서리의 수

(　　　　　　　　)

5 면이 8개인 각뿔의 모서리는 몇 개인가요?

(   )

서술형

6 오른쪽 입체도형은 각기둥도 각뿔도 아닙니다. 각기둥과 각뿔이 아닌 이유를 각각 써 보세요.

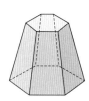

이유 _____

_____

7 꼭짓점의 수가 사각기둥과 같은 각뿔의 이름을 써 보세요.

(   )

8 오른쪽 각뿔은 밑면이 정육각형이고 옆면이 모두 합동인 이등변삼각형입니다. 이 각뿔의 모든 모서리의 길이의 합은 몇 cm인가요?

(   )

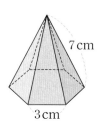

7 cm

3 cm

개념
학습책
43쪽

1 전개도를 접었을 때 만들어지는 각기둥의 모든 모서리의 길이의 합은 몇 cm인가요?

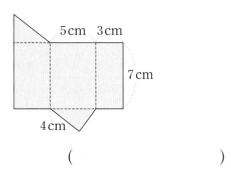

5 cm　3 cm

7 cm

4 cm

(　　　　　　　　)

2 다음을 모두 만족하는 입체도형의 이름을 써 보세요.

> • 밑면은 다각형이고 1개입니다.
> • 옆면은 모두 삼각형입니다.
> • 모서리는 20개입니다.

(　　　　　　　　)

3 왼쪽과 같이 사각기둥의 면에 선을 그었습니다. 이 사각기둥의 전개도에 나타나는 선을 바르게 그려 넣으세요.

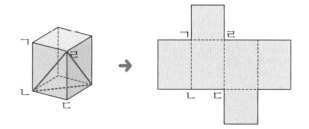

4 한 변의 길이가 8 cm인 정사각형 6개를 옆면으로 하는 각기둥이 있습니다. 이 각기둥의 모든 모서리의 길이의 합은 몇 cm인가요?

(　　　　　　　　)

5 은주는 철사 1 m로 모든 모서리의 길이가 같은 사각뿔을 만들려고 합니다. 한 모서리의 길이가 14 cm인 사각뿔을 만들려면 철사는 몇 cm 더 필요한가요?

(　　　　　　　　)

6 밑면의 모양과 한 옆면의 모양이 그림과 같은 각기둥이 있습니다. 이 각기둥의 옆면의 넓이의 합은 몇 cm^2인가요?

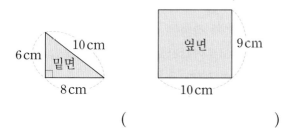

10 cm
6 cm　밑면　옆면　9 cm
8 cm　10 cm

(　　　　　　　　)

학교시험대비 단원평가

점수	확인

정답과 해설 49쪽

[1~2] 입체도형을 보고 물음에 답하세요.

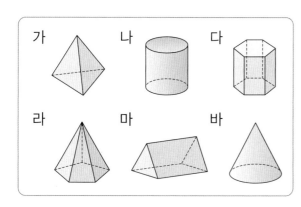

1 각기둥을 모두 찾아 기호를 써 보세요.

(   )

2 각뿔을 모두 찾아 기호를 써 보세요.

(   )

3 오른쪽 입체도형의 이름을 써 보세요.

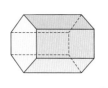

(   )

4 각뿔의 각 부분의 이름을 잘못 나타낸 것은 어느 것인가요? ································· (   )

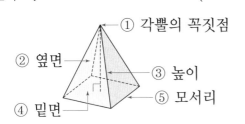

① 각뿔의 꼭짓점
② 옆면
③ 높이
④ 밑면
⑤ 모서리

[5~6] 오른쪽 각기둥을 보고 물음에 답하세요.

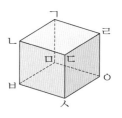

5 면 ㄴㅂㅁㄱ을 한 밑면으로 할 때 다른 한 밑면을 찾아 써 보세요.

(   )

6 면 ㄱㅁㅇㄹ을 한 밑면으로 할 때 각기둥의 높이를 나타내는 모서리가 아닌 것을 모두 고르세요.
·· (   )

① 모서리 ㄱㄴ   ② 모서리 ㄴㅂ
③ 모서리 ㅁㅂ   ④ 모서리 ㄹㄷ
⑤ 모서리 ㅂㅅ

7 오른쪽 입체도형에 대한 설명으로 옳은 것을 모두 고르세요. ··············· (   )

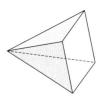

① 사각뿔입니다.
② 옆면의 모양은 사각형입니다.
③ 밑면의 모양은 삼각형입니다.
④ 옆면은 4개입니다.
⑤ 꼭짓점은 6개입니다.

8 각기둥에 대한 설명으로 잘못된 것을 찾아 기호를 써 보세요.

> ㉠ 밑면은 1개입니다.
> ㉡ 밑면과 옆면은 서로 수직입니다.
> ㉢ 옆면의 모양은 모두 직사각형입니다.
> ㉣ 밑면의 모양에 따라 이름이 정해집니다.

( )

9 빈칸에 알맞게 써넣으세요.

도형	육각기둥	오각뿔
밑면의 모양		
면의 수(개)		
모서리의 수(개)		
꼭짓점의 수(개)		

10 모양 조각을 모두 사용하여 만들 수 있는 입체도형의 이름을 써 보세요.

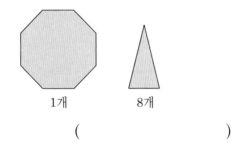

1개   8개

( )

11 밑면의 모양이 오른쪽과 같은 각기둥의 모서리는 몇 개인가요?

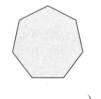

( )

12 전개도를 접었을 때 만들어지는 각기둥의 꼭짓점은 몇 개인가요?

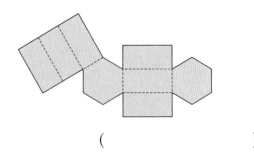

( )

[13~14] 삼각기둥의 전개도를 그린 것입니다. 물음에 답하세요.

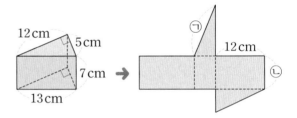

13 ㉠, ㉡에 알맞은 길이는 각각 몇 cm인가요?

㉠ ( )
㉡ ( )

14 전개도에서 옆면의 넓이의 합은 몇 cm^2인가요?

( )

15 모서리가 18개인 각뿔이 있습니다. 이 각뿔의 밑면의 모양을 써 보세요.

( )

16 다음을 만족하는 각뿔의 이름을 써 보세요.

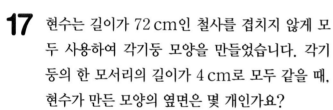

(면의 수)+(꼭짓점의 수)=22

( )

17 현수는 길이가 72 cm인 철사를 겹치지 않게 모두 사용하여 각기둥 모양을 만들었습니다. 각기둥의 한 모서리의 길이가 4 cm로 모두 같을 때, 현수가 만든 모양의 옆면은 몇 개인가요?

( )

18 오른쪽과 같은 각기둥에서 밑면은 한 변의 길이가 3 cm인 정오각형입니다. 이 각기둥의 모든 모서리의 길이의 합이 65 cm일 때 높이는 몇 cm인가요?

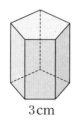

3 cm

( )

19 전개도를 접어서 팔각기둥을 만들 수 있는지 없는지 쓰고, 그 이유를 설명해 보세요.

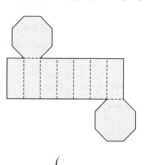

( )

이유 _____

_____

20 밑면의 모양이 정삼각형인 각기둥의 전개도입니다. 이 전개도의 둘레의 길이가 42 cm일 때 높이는 몇 cm인지 풀이 과정을 쓰고, 답을 구해 보세요.

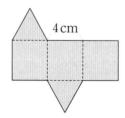

4 cm

풀이 _____

_____

_____

_____

답 _____

3 소수의 나눗셈

1 (소수)÷(자연수)(1)

[1~6] 자연수의 나눗셈을 이용하여 소수의 나눗셈을 해 보세요.

1
$$28 \div 2 = 14$$

$2.8 \div 2$

2
$$84 \div 4 = 21$$

$8.4 \div 4$

3
$$396 \div 3 = 132$$

$39.6 \div 3$
$3.96 \div 3$

4
$$555 \div 5 = 111$$

$55.5 \div 5$
$5.55 \div 5$

5
$$842 \div 2 = 421$$

$84.2 \div 2$
$8.42 \div 2$

6
$$448 \div 4 = 112$$

$44.8 \div 4$
$4.48 \div 4$

[7~13] ☐ 안에 알맞은 수를 써넣으세요.

7
$39 \div 3 = $ ☐
$3.9 \div 3 = $ ☐

8
$64 \div 2 = $ ☐
$6.4 \div 2 = $ ☐

9
$848 \div 4 = $ ☐
$8.48 \div 4 = $ ☐

10 $963 \div 3 = $ ☐
$96.3 \div 3 = $ ☐

11 $268 \div 2 = $ ☐
$2.68 \div 2 = $ ☐

12 $966 \div 3 = $ ☐
$96.6 \div 3 = $ ☐

13 $888 \div 4 = $ ☐
$8.88 \div 4 = $ ☐

정답과 해설 51쪽

2 (소수)÷(자연수)(2)

[1~10] 소수의 나눗셈을 분수의 나눗셈으로 바꾸어 계산해 보세요.

1 $15.75 \div 5$

2 $16.24 \div 7$

3 $9.88 \div 4$

4 $14.64 \div 6$

5 $52.56 \div 4$

6 $27.2 \div 8$

7 $87.3 \div 9$

8 $44.22 \div 3$

9 $39.8 \div 2$

10 $78.19 \div 7$

[11~20] 계산해 보세요.

11 $2\overline{)6.52}$

12 $4\overline{)8.56}$

13 $7\overline{)15.26}$

14 $8\overline{)27.12}$

15 $4\overline{)35.76}$

16 $3\overline{)41.28}$

17 $4\overline{)75.72}$

18 $3\overline{)72.9}$

19 $6\overline{)88.56}$

20 $5\overline{)97.5}$

3 (소수)÷(자연수)⑶

[1~10] 소수의 나눗셈을 분수의 나눗셈으로 바꾸어 계산해 보세요.

1 $1.12 \div 8$

2 $1.74 \div 6$

3 $0.76 \div 2$

4 $0.81 \div 3$

5 $3.16 \div 4$

6 $4.27 \div 7$

7 $4.85 \div 5$

8 $6.16 \div 8$

9 $7.38 \div 9$

10 $10.8 \div 12$

[11~20] 계산해 보세요.

11 $4 \overline{)0.5\,6}$

12 $7 \overline{)3.4\,3}$

13 $8 \overline{)5.3\,6}$

14 $6 \overline{)3.7\,8}$

15 $9 \overline{)5.6\,7}$

16 $5 \overline{)2.3\,5}$

17 $4 \overline{)3.4\,4}$

18 $9 \overline{)5.2\,2}$

19 $14 \overline{)4.3\,4}$

20 $11 \overline{)8.6\,9}$

정답과 해설 51쪽

4 (소수)÷(자연수)(4)

[1~10] 소수의 나눗셈을 분수의 나눗셈으로 바꾸어 계산해 보세요.

1 $5.3 \div 2$

2 $6.6 \div 5$

3 $8.6 \div 4$

4 $6.8 \div 8$

5 $8.7 \div 6$

6 $32.8 \div 5$

7 $6.2 \div 4$

8 $10.8 \div 8$

9 $16.2 \div 5$

10 $66.4 \div 16$

[11~20] 나머지가 0이 될 때까지 계산해 보세요.

11 $5\overline{)8.8}$

12 $4\overline{)21.4}$

13 $2\overline{)14.9}$

14 $8\overline{)51.6}$

15 $5\overline{)9.6}$

16 $6\overline{)19.5}$

17 $8\overline{)36.4}$

18 $4\overline{)29.8}$

19 $15\overline{)92.4}$

20 $8\overline{)187.6}$

3 단원

3. 소수의 나눗셈

5 (소수)÷(자연수)⑸

[1~10] 소수의 나눗셈을 분수의 나눗셈으로 바꾸어 계산해 보세요.

1 $4.14 \div 2$

2 $5.2 \div 5$

3 $3.27 \div 3$

4 $8.1 \div 2$

5 $6.18 \div 6$

6 $6.24 \div 3$

7 $18.3 \div 6$

8 $32.4 \div 8$

9 $35.4 \div 5$

10 $48.3 \div 6$

[11~20] 계산해 보세요.

11
$$5 \overline{)5.35}$$

12
$$7 \overline{)7.42}$$

13
$$2 \overline{)6.18}$$

14
$$4 \overline{)8.12}$$

15
$$5 \overline{)5.4}$$

16
$$6 \overline{)30.3}$$

17
$$8 \overline{)8.4}$$

18
$$6 \overline{)42.3}$$

19
$$8 \overline{)40.56}$$

20
$$5 \overline{)45.3}$$

6 (자연수)÷(자연수)의 몫을 소수로 나타내기

[1~10] 나눗셈의 몫을 소수로 나타내어 보세요.

1 $5 \div 2$

2 $9 \div 4$

3 $8 \div 5$

4 $7 \div 2$

5 $9 \div 6$

6 $26 \div 4$

7 $18 \div 8$

8 $34 \div 50$

9 $3 \div 12$

10 $52 \div 40$

7 몫의 소수점의 위치 확인하기

[1~4] 몫을 어림하여 알맞은 식을 찾아 기호를 써 보세요.

1

ㄱ $3.43 \div 7 = 0.049$
ㄴ $3.43 \div 7 = 0.49$
ㄷ $3.43 \div 7 = 4.9$
ㄹ $3.43 \div 7 = 49$

(   )

2

ㄱ $56.4 \div 8 = 705$
ㄴ $56.4 \div 8 = 70.5$
ㄷ $56.4 \div 8 = 7.05$
ㄹ $56.4 \div 8 = 0.705$

(   )

3

ㄱ $2.52 \div 3 = 840$
ㄴ $2.52 \div 3 = 84$
ㄷ $2.52 \div 3 = 8.4$
ㄹ $2.52 \div 3 = 0.84$

(   )

4

ㄱ $73.26 \div 18 = 407$
ㄴ $73.26 \div 18 = 40.7$
ㄷ $73.26 \div 18 = 4.07$
ㄹ $73.26 \div 18 = 0.407$

(   )

1 수직선을 보고 소수의 나눗셈을 해 보세요.

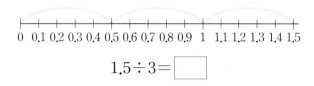

$$1.5 \div 3 = \boxed{}$$

2 자연수의 나눗셈을 이용하여 소수의 나눗셈을 해 보세요.

(1) $36 \div 3 = 12$

$$3.6 \div 3 = \boxed{}$$

(2) $336 \div 3 = 112$

$$3.36 \div 3 = \boxed{}$$

3 자연수의 나눗셈을 이용하여 소수의 나눗셈을 해 보세요.

$$884 \div 4 = 221$$
$$88.4 \div 4 = \boxed{}$$
$$8.84 \div 4 = \boxed{}$$

4 ☐ 안에 알맞은 수를 써넣으세요.

$$4977 \div 7 = 711$$

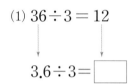

$$49.77 \div 7 = \boxed{}$$

5 자연수의 나눗셈을 이용하여 빈칸에 알맞은 수를 써넣으세요.

(1)

4	8	4			$\div 2 = 242$
			.		$\div 2 = 24.2$
			.		$\div 2 = 2.42$

(2)

9	9	6	3		$\div 3 = 3321$
			.		$\div 3 = 332.1$
			.		$\div 3 = 33.21$

6 $2466 \div 6 = 411$을 이용하여 다음 나눗셈의 몫을 구해 보세요.

$$246.6 \div 6 = \boxed{}$$
$$24.66 \div 6 = \boxed{}$$

7 자연수의 나눗셈을 보고 소수의 나눗셈을 하여 알맞은 자리에 몫을 쓰고 소수점을 찍어 보세요.

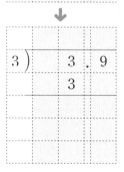

	십	일	소수 첫째
	1	3	
3)	3	9	
	3		
		9	
		9	
		0	

↓

3)		3 .	9
		3	

1 나눗셈의 몫에 소수점을 알맞게 찍어 보세요.

(1)
```
   1□7□6
4) 7 0 . 4
   4
   3 0
   2 8
     2 4
     2 4
       0
```

(2)
```
   2□5□6
8) 2 0 . 4 8
   1 6
   4 4
   4 0
     4 8
     4 8
       0
```

2 □ 안에 알맞은 수를 써넣으세요.

$$21.24 \div 9 = \frac{\boxed{}}{100} \div 9$$

$$= \frac{\boxed{}}{100} \div 9$$

$$= \frac{\boxed{}}{100}$$

$$= \boxed{}$$

3 자연수의 나눗셈을 이용하여 소수의 나눗셈을 해 보세요.

(1) $728 \div 4 = \boxed{}$

$72.8 \div 4 = \boxed{}$

(2) $2431 \div 13 = \boxed{}$

$24.31 \div 13 = \boxed{}$

4 계산해 보세요.

(1)
```
4) 8.6 8
```

(2)
```
3) 2 0.7
```

5 소수를 분수로 바꾸어 계산해 보세요.

$50.24 \div 16$ _____

6 몫의 크기를 비교하여 ◯ 안에 >, =, <를 알맞게 써넣으세요.

$5509 \div 7$ ◯ $55.09 \div 7$

$55.09 \div 7$ ◯ $550.9 \div 7$

7 길이가 4.2 m인 테이프를 3명이 똑같이 나누어 가지려고 합니다. 한 사람이 몇 m씩 가질 수 있는지 구해 보세요.

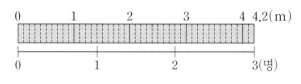

식 _____

답 _____

1 몫의 소수점을 바르게 찍어 보세요.

(1)

	0	7	4
3)	2 .	2	2

(2)

	0	1	3
5)	0 .	6	5

2 ☐ 안에 알맞은 수를 써넣고 2.58÷6의 몫을 구해 보세요.

(1) $2.58 \div 6 = \dfrac{\boxed{}}{100} \div 6 = \dfrac{\boxed{} \div 6}{100}$

$= \dfrac{\boxed{}}{100} = \boxed{}$

(2) $258 \div 6 = \boxed{}$ ➡ $2.58 \div 6 = \boxed{}$

3 자연수의 나눗셈을 이용하여 소수의 나눗셈을 해 보세요.

(1) $16 \div 4 = \boxed{}$

$1.6 \div 4 = \boxed{}$

$0.16 \div 4 = \boxed{}$

(2) $121 \div 11 = \boxed{}$

$12.1 \div 11 = \boxed{}$

$1.21 \div 11 = \boxed{}$

4 계산해 보세요.

(1)

$6 \overline{)\,5.0\,4}$

(2)

$12 \overline{)\,4.6\,8}$

5 계산이 잘못된 곳을 찾아 바르게 계산해 보세요.

```
     7.3
 8 ) 5.8 4
     5 6
     ───
       2 4
       2 4
       ───
         0
```

➡

$8 \overline{)\,5.8\,4}$

6 몫이 1보다 작은 것은 어느 것인가요?

.... (   )

① $7.8 \div 6$ ② $5.76 \div 4$

③ $19.8 \div 9$ ④ $8.05 \div 7$

⑤ $8.82 \div 9$

7 빈칸에 알맞은 수를 써넣고, 소수의 나눗셈을 해 보세요.

3	.	2		÷8=		.	
0	.	1	6	÷8=		.	
3	.	3	6	÷8=		.	

1 다음 계산을 생각하여 소수를 분수로 바꾸어 계산해 보세요.

$$19 \div 2 \qquad 190 \div 2$$

$1.9 \div 2$ _____

2 보기 와 같이 자연수의 나눗셈을 이용하여 소수의 나눗셈을 해 보세요.

┌─ 보기 ─────────────┐
$$1590 \div 6 = 265$$
$$159 \div 6 = 26.5$$
$$15.9 \div 6 = 2.65$$
└──────────────────┘

$$2130 \div 5 = 426$$
$$213 \div 5 = \boxed{}$$
$$21.3 \div 5 = \boxed{}$$

3 나머지가 0이 될 때까지 계산해 보세요.

(1)
$$4 \overline{)\,5.8}$$

(2)
$$8 \overline{)\,20.4}$$

4 계산 결과가 다른 하나를 찾아 기호를 써 보세요.

┌──────────────────────┐
ㄱ $3.9 \div 6$ ㄴ $3.09 \div 6$
ㄷ $\dfrac{390}{100} \div 6$ ㄹ $3.90 \div 6$
└──────────────────────┘

(   )

5 계산 결과를 비교하여 ◯ 안에 >, =, <를 알맞게 써넣으세요.

(1) $50.8 \div 4$ ◯ $50.8 \div 8$

(2) $13.7 \div 5$ ◯ $27.4 \div 5$

6 몫이 소수 두 자리 수인 것에 ◯표 하세요.

| $3.6 \div 6$ | $3.6 \div 4$ | $3.6 \div 8$ |

(   ) (   ) (   )

7 밤 6.2 kg을 4봉지에 똑같이 나누어 담으면 한 봉지에 몇 kg씩 담게 되나요?

식 _____

답 _____

개념
학습책
61쪽

3
단원

1 빈칸에 알맞은 수를 써넣으세요.

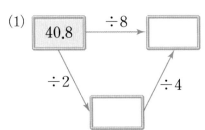

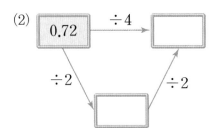

2 ☐ 안에 알맞은 수를 써넣으세요.

(1)　　$10 \div 5 =$ ☐

　　　$2.5 \div 5 =$ ☐

　　$12.5 \div 5 =$ ☐

(2)　　$4.8 \div 6 =$ ☐

　　　$0.12 \div 6 =$ ☐

　　$4.92 \div 6 =$ ☐

3 넓이가 $80.4 \ \text{cm}^2$인 오른쪽 직사각형의 가로가 $6 \ \text{cm}$일 때 세로는 몇 cm인가요?

(　　　　　　　　　)　　6 cm

서술형

4 나눗셈의 몫을 구하여 ☐ 안에 써넣고 $798 \div 7$을 이용하여 $7.98 \div 7$을 계산하는 방법을 설명해 보세요.

$$798 \div 7 = \boxed{}$$

$$7.98 \div 7 = \boxed{}$$

설명 _____

_____

5 민희는 길이가 135 cm인 색 테이프를 5등분 하였고, 세아는 1.35 m인 색 테이프를 5등분 하였습니다. 세아가 나눈 색 테이프 한 개는 몇 m인지 구해 보세요.

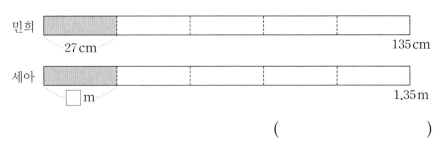

(   )

6 양초가 8분 동안 12.4 cm 탔습니다. 일정한 빠르기로 양초가 탔다면 1분에 몇 cm씩 탄 것인가요?

식 _____

답 _____

7 빈칸에 알맞은 수를 써넣으세요.

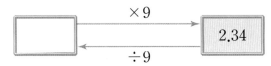

8 페인트 72.5 L를 사용하여 한 변의 길이가 5 m인 정사각형 모양의 벽을 칠했습니다. 1 m²의 벽을 칠하는 데 사용한 페인트는 몇 L인지 소수로 나타내어 보세요.

(   )

1 다음 계산을 생각하여 소수를 분수로 바꾸어 계산해 보세요.

$$103 \div 5 \qquad 1030 \div 5$$

$10.3 \div 5$ _____

2 자연수와 소수의 나눗셈을 계산해 보세요.

(1)

$4 \overline{)424}$ ➡ $4 \overline{)4.24}$

(2)

$5 \overline{)505}$ ➡ $5 \overline{)5.05}$

3 자연수의 나눗셈을 보고 빈칸에 알맞은 수를 써넣으세요.

$$612 \div 3 = 204$$

6.12 ⟶ ÷3 ⟶ ☐
     ⟶ ÷6 ⟶ ☐

4 계산해 보세요.

(1) $5 \overline{)15.1}$

(2) $6 \overline{)0.3}$

5 계산이 잘못된 곳을 찾아 바르게 계산해 보세요.

```
      5.4
6 ) 3 0.2 4
    3 0
      2 4
      2 4
        0
```
➡ $6 \overline{)30.24}$

6 ☐ 안에 알맞은 수를 써넣으세요.

$$16 \div 4 = \boxed{}$$
$$0.2 \div 4 = \boxed{}$$
$$16.2 \div 4 = \boxed{}$$

7 보리차 5.2 L를 병 5개에 똑같이 나누어 담으려고 합니다. 병 한 개에 보리차를 몇 L씩 담으면 되나요?

식 _____

답 _____

1 나눗셈의 몫이 자연수로 나누어떨어지는 것에 ○표 하세요.

8÷5	80÷5

(   ) (   )

2 주어진 나눗셈의 몫을 이용하여 계산해 보세요.

$$300 \div 12 = 25$$
$$30 \div 12 = \boxed{}$$
$$3 \div 12 = \boxed{}$$

3 나눗셈의 몫을 소수로 나타내어 보세요.

(1)
$$5 \overline{)24}$$

(2)
$$25 \overline{)48}$$

4 □ 안에 알맞은 소수를 써넣으세요.

(1) $6 \div 2 = 3$
   $7 \div 2 = \boxed{}$
   $8 \div 2 = 4$

(2) $16 \div 4 = 4$
   $18 \div 4 = \boxed{}$
   $20 \div 4 = 5$

5 몫이 자연수인 나눗셈을 이용하여 다음 나눗셈의 몫을 구하려고 할 때, 알맞은 식은 어느 것인가요? ⋯⋯⋯⋯⋯⋯⋯⋯⋯⋯⋯⋯ (   )

13÷4

① $130 \div 4$ ② $13 \div 40$
③ $1300 \div 4$ ④ $130 \div 400$
⑤ $13 \div 400$

6 □ 안에 자연수 또는 소수를 알맞게 써넣으세요.

$$8 \div 2 = \boxed{}$$
$$1 \div 2 = \boxed{}$$
$$\overline{}$$
$$9 \div 2 = \boxed{}$$

7 그림을 보고 분홍색 띠의 길이는 하늘색 띠의 길이의 몇 배인지 소수로 나타내어 보세요.

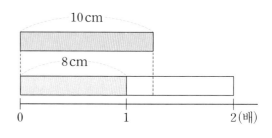

식 _____

답 _____

1 ·보기·와 같이 소수를 반올림하여 일의 자리까지 나타내어 어림한 식으로 표현해 보세요.

> ─보기─
>
> $3.12 \div 3$ ➡ $3 \div 3$

(1) $9.12 \div 3$ ➡ _____

(2) $11.8 \div 4$ ➡ _____

(3) $16.24 \div 8$ ➡ _____

2 소수를 반올림하여 일의 자리까지 나타내어 어림한 식으로 표현해 보고, 몫으로 알맞은 것에 ○표 하세요.

(1) $32.16 \div 8$ ➡ _____

> | 40.2 | 4.02 | 0.402 |

(2) $15.76 \div 4$ ➡ _____

> | 3.94 | 39.4 | 394 |

3 몫을 어림하여 알맞은 식을 찾아 기호를 써 보세요.

> ㉠ $40.35 \div 5 = 0.807$
> ㉡ $40.35 \div 5 = 8.07$
> ㉢ $40.35 \div 5 = 80.7$
> ㉣ $40.35 \div 5 = 807$

(   )

4 어림셈하여 □ 안에 알맞은 수를 써넣고, 몫의 소수점의 위치를 찾아 소수점을 찍어 보세요.

(1) $21.4 \div 4$

어림 $21 \div 4$ ➡ 약 □

몫 $5\square3\square5$

(2) $18.09 \div 9$

어림 $18 \div 9$ ➡ 약 □

몫 $2\square0\square1$

5 어림하여 몫이 더 큰 것에 ○표 하세요.

> | $71.6 \div 8$ | $120.3 \div 15$ |

6 끈 54.18 cm를 한 명에게 9 cm씩 똑같이 나누어 주려고 합니다. 적어도 몇 명에게 나누어 줄 수 있는지 알아보세요.

54.18 cm

54.18과 가장 가까운 9의 배수는 □입니다.

54.18을 □로 어림하여 계산하면 약 □입니다.

➡ 적어도 □명에게 나누어 줄 수 있습니다.

1 값이 다른 하나는 어느 것인가요? ·····································(   )

  ① $30 \div 4$ ② $\dfrac{15}{2}$ ③ $60 \div 8$

  ④ $3.04 \div 4$ ⑤ $45 \div 6$

2 넓이가 90.48 cm^2인 직사각형을 6등분 하였습니다. 색칠한 부분의 넓이는 몇 cm^2인가요?

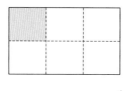

(   )

3 왼쪽 식은 어느 식을 어림셈한 것인지 찾아 기호를 써 보세요.

$30 \div 4$	㉠ $300 \div 4$ ㉡ $29.6 \div 4$ ㉢ $25.8 \div 4$

(   )

4 나눗셈의 몫을 구한 다음 ㉠에 들어갈 수 있는 가장 작은 자연수를 구해 보세요.

$$33 \div 15 = \boxed{}$$
$$33 \div 15 < ㉠$$

(   )

3
단원

5 생수 9 L를 6천 원에 팔고 있습니다. 물음에 답하세요.

(1) 천 원으로 살 수 있는 생수는 몇 L인지 소수로 나타내어 보세요.

(   )

(2) 5천 원으로 살 수 있는 생수는 몇 L인지 소수로 나타내어 보세요.

(   )

6 길이가 6.42 m인 테이프를 똑같이 6도막으로 나누려고 합니다. 물음에 답하세요.

(1) 테이프 한 도막의 길이를 구하는 그림으로 알맞은 것을 찾아 기호를 써 보세요.

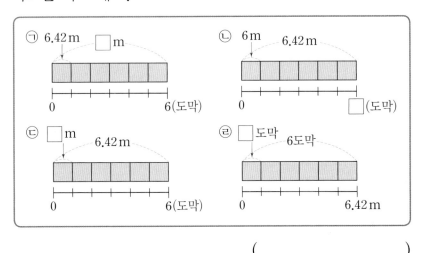

(   )

(2) 테이프 한 도막의 길이는 몇 m인가요?

(   )

7 연호는 일정한 빠르기로 자전거를 타고 1시간 20분 동안 24 km를 달렸습니다. 연호가 1분 동안 달린 거리는 몇 km인지 소수로 나타내어 보세요.

(   )

정답과 해설 56쪽

1 ㉮는 ㉯의 몇 배인가요?

$$140.4 \div 6 = ㉮ \qquad 14.04 \div 6 = ㉯$$

( )

2 무게가 똑같은 장난감 상자 4개의 무게가 10 kg 입니다. 한 상자에 장난감이 10개씩 들어 있을 때 장난감 한 개의 무게는 몇 kg인지 구해 보세요.
(단, 상자의 무게는 생각하지 않습니다.)

( )

3 모든 모서리의 길이의 합이 43.2 cm인 정육면체 의 한 면의 넓이는 몇 cm²인가요?

( )

4 어떤 수를 2로 나누어야 할 것을 잘못하여 곱했더 니 15가 되었습니다. 바르게 계산한 값을 구해 보 세요.

( )

5 길이가 19.5 km인 도로에 같은 간격으로 나무를 7그루 심으려고 합니다. 나무 사이의 간격을 몇 km로 해야 하는지 구해 보세요. (단, 나무의 두 께는 생각하지 않습니다.)

( )

6 일정한 빠르기로 버스는 14분 동안 30.52 km를 가고 트럭은 16분 동안 32.8 km를 갑니다. 버스 와 트럭이 같은 곳에서 동시에 출발하여 같은 방 향으로 간다면 30분 후에는 어느 것이 몇 km 더 멀리 가는지 구해 보세요.

( ), ( )

개념
학습책
72~73쪽

학교시험대비 단원평가

점수   확인

1 자연수의 나눗셈을 이용하여 □ 안에 알맞은 수를 써넣으세요.

$$408 \div 8 = 51 \rightarrow 40.8 \div 8 = \boxed{}$$

2 □ 안에 알맞은 수를 써넣으세요.

$$9 \div 5 = \frac{\boxed{}}{10} \div 5 = \frac{\boxed{} \div 5}{10} = \boxed{}$$

3 값이 다른 하나는 어느 것인가요?·····(   )

① $27.2 \div 8$ ② 3.4

③ $\frac{272}{10} \div 8$ ④ $\frac{34}{10}$

⑤ $\frac{272}{10} \times 8$

4 계산해 보세요.

(1) $10.83 \div 3$

(2) $63.36 \div 9$

5 ·보기·와 같은 방법으로 계산해 보세요.

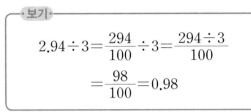

·보기·
$$2.94 \div 3 = \frac{294}{100} \div 3 = \frac{294 \div 3}{100}$$
$$= \frac{98}{100} = 0.98$$

$$9.13 \div 11$$

6 빈칸에 알맞은 소수를 써넣으세요.

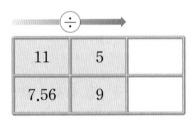

÷		
11	5	
7.56	9	

7 큰 수를 작은 수로 나눈 몫을 빈칸에 써넣으세요.

7	39.48

8 몫의 크기를 비교하여 ○ 안에 >, =, <를 알맞게 써넣으세요.

$$14.6 \div 4 \bigcirc 17 \div 5$$

9 몫이 1보다 작은 것을 모두 고르세요.

.... ( )

① 6.8÷5 ② 4.8÷3

③ 7÷8 ④ 7.56÷14

⑤ 49.22÷23

12 ㉠과 ㉡의 차를 구해 보세요.

㉠ 18.5÷5 ㉡ 21.28÷7

( )

10 둘레의 길이가 12.18 cm인 정육각형의 한 변의 길이는 몇 cm인가요?

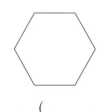

( )

13 ☐ 안에 알맞은 수를 구해 보세요.

41.4÷☐=15

( )

14 해찬이의 몸무게는 36 kg이고, 빈나의 몸무게는 24 kg입니다. 해찬이의 몸무게는 빈나의 몸무게의 몇 배인지 소수로 나타내어 보세요.

( )

11 사다리를 타고 내려가 도착한 빈 곳에 몫이 큰 순서대로 번호를 써넣으세요.

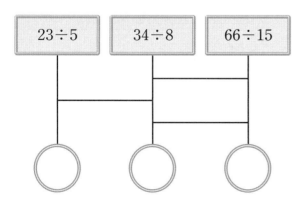

15 2주일에 8.4분씩 늦게 가는 시계가 있습니다. 이 시계는 하루에 몇 분씩 늦게 가는 셈인가요?

( )

16 똑같은 공 18개를 담은 상자의 무게가 24.95 kg입니다. 빈 상자의 무게가 0.83 kg일 때 공 한 개의 무게는 몇 kg인가요?

(   )

17 오른쪽 정육면체의 모든 모서리의 길이의 합은 30 cm입니다. 한 모서리의 길이는 몇 cm인지 소수로 나타내어 보세요.

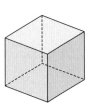

(   )

18 일정한 빠르기로 현진이는 16.56 km의 거리를 1시간 12분 동안 달렸습니다. 현진이가 1분 동안 달린 거리는 몇 km인가요?

(   )

19 어떤 수를 17로 나누어야 할 것을 잘못하여 곱했더니 433.5가 되었습니다. 바르게 계산했을 때의 몫은 얼마인지 풀이 과정을 쓰고, 답을 구해 보세요.

풀이 _____

_____

_____

답 _____

20 넓이가 84.56 cm²인 마름모가 있습니다. 이 마름모의 한 대각선의 길이가 14 cm일 때 다른 대각선의 길이는 몇 cm인지 풀이 과정을 쓰고, 답을 구해 보세요.

풀이 _____

_____

_____

답 _____

4 비와 비율

정답과 해설 58쪽

1 두 수 비교하기

1 그림을 보고 농구공 수와 축구공 수를 비교해 보세요.

(1) 축구공은 농구공보다 ☐ 개 더 많습니다.

(2) 축구공 수는 농구공 수의 ☐ 배입니다.

[2~3] 흰색 바둑돌 수와 검은색 바둑돌 수를 비교해 보세요.

○○○○○○○○●●

2 흰색 바둑돌은 검은색 바둑돌보다 몇 개 더 많은가요?

( )

3 흰색 바둑돌 수는 검은색 바둑돌 수의 몇 배인가요?

( )

[4~5] 소연이네 학교 학생 중 마라톤에 참가한 여학생은 46명이고 남학생은 92명입니다. 여학생 수와 남학생 수를 비교해 보세요.

4 여학생은 남학생보다 몇 명 더 적은가요?

( )

5 여학생 수는 남학생 수의 몇 배인가요?

( )

[6~8] 남학생 2명과 여학생 4명으로 한 모둠을 구성하려고 합니다. 남학생 수와 여학생 수를 비교해 보세요.

6 모둠 수에 따른 남학생 수와 여학생 수를 구해 표를 완성해 보세요.

모둠 수	1	2	3	4	5
남학생 수(명)	2				
여학생 수(명)	4				

7 모둠 수에 따른 남학생 수와 여학생 수를 뺄셈으로 비교해 보세요.

> 모둠 수에 따라 여학생은 남학생보다 각각 2명, 4명, ☐ 명, ☐ 명, ☐ 명 더 많습니다.

8 모둠 수에 따른 남학생 수와 여학생 수를 나눗셈으로 비교해 보세요.

> 여학생 수는 항상 남학생 수의 ☐ 배입니다.

[9~10] 100원짜리 동전과 500원짜리 동전을 같은 금액만큼 놓으려고 합니다. 100원짜리 동전 수와 500원짜리 동전 수를 비교해 보세요.

9 표를 완성해 보세요.

100원짜리 동전 수(개)	5	10			
500원짜리 동전 수(개)	1	2	3	4	5

10 100원짜리 동전 수는 500원짜리 동전 수의 몇 배인가요?

( )

2 비 알아보기

[1~2] 그림을 보고 □ 안에 알맞은 수를 써넣으세요.

1 사과 수와 배 수의 비 → □ : □

2 배 수와 사과 수의 비 → □ : □

[3~6] 그림을 보고 전체에 대한 색칠한 부분의 비를 써 보세요.

3
 → □ : □

4
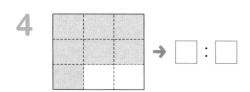 → □ : □

5
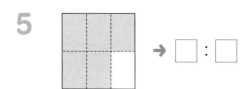 → □ : □

6 → □ : □

[7~16] □ 안에 알맞은 수를 써넣으세요.

7 3 대 2 → □ : □

8 5에 대한 7의 비 → □ : □

9 8과 9의 비 → □ : □

10 6의 1에 대한 비 → □ : □

11 3 대 8 → □ : □

12 9와 2의 비 → □ : □

13 4의 7에 대한 비 → □ : □

14 5 대 7 → □ : □

15 15에 대한 11의 비 → □ : □

16 13의 12에 대한 비 → □ : □

③ 비율 알아보기

4. 비와 비율

[1~5] 비에서 비교하는 양을 찾아 써 보세요.

1 16 : 15 → (   )

2 11 : 2 → (   )

3 13과 6의 비 → (   )

4 20에 대한 5의 비 → (   )

5 8의 19에 대한 비 → (   )

[6~10] 비에서 기준량을 찾아 써 보세요.

6 10 : 20 → (   )

7 8 : 7 → (   )

8 18과 9의 비 → (   )

9 16에 대한 11의 비 → (   )

10 29의 17에 대한 비 → (   )

[11~15] 비율을 분수로 나타내어 보세요.

11 5 : 6 → (   )

12 8 : 13 → (   )

13 11 : 5 → (   )

14 9 : 14 → (   )

15 10 : 30 → (   )

[16~20] 비율을 소수로 나타내어 보세요.

16 7 : 10 → (   )

17 13 : 25 → (   )

18 4 : 8 → (   )

19 8 : 5 → (   )

20 2 : 5 → (   )

4 비율이 사용되는 경우 알아보기

[1~3] 시간에 대한 거리의 비율을 구해 보세요.

1 2시간 동안 10 km를 갈 때

$$\frac{(거리)}{(시간)} = \frac{\boxed{}}{\boxed{}}$$

2 4시간 동안 24 km를 갈 때

$$\frac{(거리)}{(시간)} = \frac{\boxed{}}{\boxed{}}$$

3 5시간 동안 450 km를 갈 때

$$\frac{(거리)}{(시간)} = \frac{\boxed{}}{\boxed{}}$$

[4~6] 넓이에 대한 인구의 비율을 구해 보세요.

4 넓이가 400 km²인 땅의 인구가 200명일 때

$$\frac{(인구)}{(넓이)} = \frac{\boxed{}}{\boxed{}}$$

5 넓이가 25 km²인 땅의 인구가 75명일 때

$$\frac{(인구)}{(넓이)} = \frac{\boxed{}}{\boxed{}}$$

6 넓이가 1280 km²인 땅의 인구가 160명일 때

$$\frac{(인구)}{(넓이)} = \frac{\boxed{}}{\boxed{}}$$

[7~9] 전체 타수에 대한 안타 수의 비율로 야구의 타율을 구해 보세요.

7 전체 20번 중에서 안타를 15번 쳤을 때

$$\frac{(안타 수)}{(전체 타수)} = \frac{\boxed{}}{\boxed{}}$$

8 전체 100번 중에서 안타를 57번 쳤을 때

$$\frac{(안타 수)}{(전체 타수)} = \frac{\boxed{}}{\boxed{}}$$

9 전체 75번 중에서 안타를 15번 쳤을 때

$$\frac{(안타 수)}{(전체 타수)} = \frac{\boxed{}}{\boxed{}}$$

[10~12] 소금물 양에 대한 소금 양의 비율로 소금물의 진하기를 구해 보세요.

10 물에 소금 30 g을 섞어 소금물 100 g을 만들 때

$$\frac{(소금 양)}{(소금물 양)} = \frac{\boxed{}}{\boxed{}}$$

11 물에 소금 49 g을 섞어 소금물 200 g을 만들 때

$$\frac{(소금 양)}{(소금물 양)} = \frac{\boxed{}}{\boxed{}}$$

12 물에 소금 80 g을 섞어 소금물 280 g을 만들 때

$$\frac{(소금 양)}{(소금물 양)} = \frac{\boxed{}}{\boxed{}}$$

⑤ 백분율 알아보기

[1~10] 비율을 백분율로 나타내어 보세요.

1 $\frac{29}{100}$ → (   )

2 $\frac{11}{50}$ → (   )

3 $\frac{3}{5}$ → (   )

4 $\frac{11}{20}$ → (   )

5 $\frac{40}{25}$ → (   )

6 0.29 → (   )

7 0.13 → (   )

8 0.76 → (   )

9 0.09 → (   )

10 1.21 → (   )

[11~20] 비율을 백분율로 나타내어 보세요.

11 5에 대한 1의 비 → (   )

12 7과 10의 비 → (   )

13 1 : 4 → (   )

14 13의 50에 대한 비 → (   )

15 7 : 20 → (   )

16 4의 5에 대한 비 → (   )

17 6 : 5 → (   )

18 20에 대한 8의 비 → (   )

19 17과 50의 비 → (   )

20 3 : 25 → (   )

6 백분율이 사용되는 경우 알아보기

[1~4] 물건의 할인율을 백분율로 나타내어 보세요.

1
> 원래 가격: 2000원
> 판매 가격: 1500원

→ 할인한 가격: ☐ 원

→ 할인율: $\dfrac{(할인한\ 가격)}{(원래\ 가격)} \times 100$

$= \dfrac{\boxed{}}{\boxed{}} \times 100 = \boxed{}$ (%)

2
> 원래 가격: 10000원
> 판매 가격: 9000원

→ 할인한 가격: ☐ 원

→ 할인율: $\dfrac{\boxed{}}{\boxed{}} \times 100 = \boxed{}$ (%)

3
> 원래 가격: 8000원
> 판매 가격: 7680원

→ 할인한 가격: ☐ 원

→ 할인율: $\dfrac{\boxed{}}{\boxed{}} \times 100 = \boxed{}$ (%)

4
> 원래 가격: 60000원
> 판매 가격: 42000원

→ 할인한 가격: ☐ 원

→ 할인율: $\dfrac{\boxed{}}{\boxed{}} \times 100 = \boxed{}$ (%)

[5~8] 소금물 양에 대한 소금 양의 비율을 백분율로 나타내어 보세요.

5
> 소금 양: 30 g
> 소금물 양: 200 g

→ (소금물의 진하기)

$= \dfrac{(소금\ 양)}{(소금물\ 양)} \times 100$

$= \dfrac{\boxed{}}{\boxed{}} \times 100 = \boxed{}$ (%)

6
> 소금 양: 40 g
> 소금물 양: 200 g

→ (소금물의 진하기)

$= \dfrac{\boxed{}}{\boxed{}} \times 100 = \boxed{}$ (%)

7
> 소금 양: 30 g
> 소금물 양: 1000 g

→ (소금물의 진하기)

$= \dfrac{\boxed{}}{\boxed{}} \times 100 = \boxed{}$ (%)

8
> 소금 양: 475 g
> 소금물 양: 500 g

→ (소금물의 진하기)

$= \dfrac{\boxed{}}{\boxed{}} \times 100 = \boxed{}$ (%)

[1~3] 한 모둠에 피자를 한 판씩 나누어 주었습니다. 한 모둠은 3명씩이고 피자 한 판은 6조각입니다. 물음에 답하세요.

1 모둠 수에 따른 모둠원 수와 피자 조각 수를 구해 표를 완성해 보세요.

모둠 수	1	2	3	4	5	……
모둠원 수(명)	3	6	9	12	15	……
피자 조각 수(조각)	6	12				……

2 모둠 수에 따른 모둠원 수와 피자 조각 수를 비교해 보세요.

(1) 뺄셈으로 비교하기
→ 피자 조각 수는 모둠원 수보다 각각 3, 6, 9, ▢, ▢ 더 많습니다.

(2) 나눗셈으로 비교하기
→ 피자 조각 수는 항상 모둠원 수의 ▢ 배입니다.

3 뺄셈으로 비교한 경우와 나눗셈으로 비교한 경우 중 관계가 변하지 않는 경우는 어느 것일까요?

( )

4 모눈종이에 직사각형 한 개를 그렸습니다. 직사각형의 가로와 세로를 비교해 보세요.

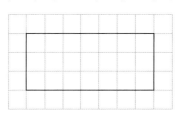

(1) 직사각형의 가로와 세로를 뺄셈으로 비교해 보면 세로는 가로보다 7-3=▢(칸) 더 짧습니다.

(2) 직사각형의 가로와 세로를 나눗셈으로 비교해 보면 세로는 가로의 3÷7=▢(배)입니다.

[5~6] 세라와 진운이가 표를 만들어 두 수를 비교한 것을 보고 물음에 답하세요.

세라
나는 올해 12살, 언니는 14살이에요. 나는 언니보다 항상 2살이 적어요.

	올해	1년 후	2년 후	3년 후	4년 후
내 나이(살)	12	13	14	15	16
언니 나이(살)	14	15	16	17	18

진운
미술 수업은 한 모둠에 5명이에요. 모둠원 수는 모둠 수의 5배예요.

모둠 수	1	2	3	4	5
모둠원 수(명)	5	10	15	20	25

5 두 수를 뺄셈으로 비교한 사람은 누구인가요?

( )

6 두 수를 나눗셈으로 비교한 사람은 누구인가요?

( )

개념
학습책
83쪽

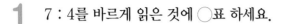

스스로 개념 확인하기 ❷ 비 알아보기

1 7 : 4를 바르게 읽은 것에 ◯표 하세요.

7 대 4	4와 7의 비
( )	( )

2 다음을 비로 나타내어 보세요.

(1) 9와 5의 비

( )

(2) 13에 대한 11의 비

( )

3 그림을 보고 ☐ 안에 알맞은 수를 써넣으세요.

(1) 바나나 수와 귤 수의 비 ➔ ☐ : ☐

(2) 바나나 수에 대한 귤 수의 비 ➔ ☐ : ☐

(3) 귤 수에 대한 바나나 수의 비 ➔ ☐ : ☐

4 햄버거 7개와 우유 13개가 있습니다. 햄버거 수에 대한 우유 수의 비를 써 보세요.

( )

5 ☐ 안에 알맞은 수를 써넣어 문장을 완성해 보세요.

우리 반 전체 학생은 31명이고, 여학생은 17명입니다.
우리 반 전체 학생 수에 대한 여학생 수의 비는
☐ : ☐ 입니다.
우리반 여학생 수에 대한 남학생 수의 비는
☐ : ☐ 입니다.

6 전체에 대한 색칠한 부분의 비가 7 : 12가 되도록 색칠해 보세요.

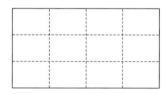

7 다음 비에 대해 설명한 것이 맞는지 틀린지 ◯표하고, 이유를 써 보세요.

6 : 2와 2 : 6은 같습니다.

(맞습니다 , 틀립니다).

이유 _____

_____

1 10에 대한 7의 비율을 분수와 소수로 나타내려고 합니다. ☐ 안에 알맞은 수를 써넣으세요.

(1) 10에 대한 7의 비
→ 기준량 ☐ , 비교하는 양 ☐

(2) 비 → ☐ : ☐

(3) 비율 → 분수 ☐ , 소수 ☐

2 그림을 보고 물음에 답하세요.

(1) 사탕 수에 대한 초콜릿 수의 비를 써 보세요.
( )

(2) 사탕 수에 대한 초콜릿 수의 비율을 분수로 나타내어 보세요.
( )

(3) 사탕 수에 대한 초콜릿 수의 비율을 소수로 나타내어 보세요.
( )

3 기준량을 나타내는 수가 다른 하나를 찾아 기호를 써 보세요.

┌─────────────────────────────┐
│ ㉠ 2 : 9   ㉡ 2와 9의 비 │
│ ㉢ 9의 2에 대한 비   ㉣ 2의 9에 대한 비 │
└─────────────────────────────┘

( )

4 비율이 같은 것끼리 선으로 이어 보세요.

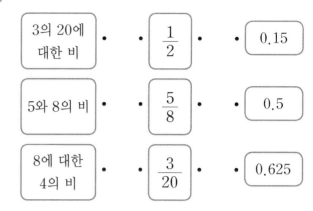

5 두 직사각형의 가로에 대한 세로의 비율을 비교하려고 합니다. ☐ 안에 알맞은 수를 써넣고, 알맞은 말에 ◯표 하세요.

(1) 가의 가로에 대한 세로의 비율 → ☐
나의 가로에 대한 세로의 비율 → ☐

(2) 두 직사각형의 가로에 대한 세로의 비율은
(같습니다 , 다릅니다).

6 비율이 1보다 작은 것을 모두 찾아 기호를 써 보세요.

┌─────────────────────────────┐
│ ㉠ $\frac{2}{7}$ ㉡ $\frac{12}{10}$ ㉢ 0.4 │
└─────────────────────────────┘

( )

1 동훈이가 자전거를 타고 4000 m를 가는 데 20분이 걸렸습니다. 동훈이가 자전거를 타는 데 걸린 시간에 대한 간 거리의 비율을 알아보세요.

(1) 알맞은 것에 ○표 하세요.

> 기준량은 (4000 m , 20분)이고
> 비교하는 양은 (4000 m , 20분)입니다.

(2) 자전거를 타는 데 걸린 시간에 대한 간 거리의 비율을 구해 보세요.

$$\frac{\boxed{}}{\boxed{}}$$

2 어느 도시의 넓이와 인구를 나타낸 것입니다. 이 도시의 넓이에 대한 인구의 비율을 구해 보세요.

넓이(km²)	인구(명)
250	1750

(   )

3 걸린 시간에 대한 간 거리의 비율을 구해 보세요.

(1)
간 거리	210 km
걸린 시간	3시간

(   )

(2)
간 거리	168 m
걸린 시간	24초

(   )

[4~6] 두 마을 중 인구가 더 밀집한 곳을 알아보려고 합니다. 물음에 답하세요.

마을	바다 마을	구름 마을
인구(명)	49784	81060
넓이(km²)	254	386

4 바다 마을의 넓이에 대한 인구의 비율은 얼마인가요?

(   )

5 구름 마을의 넓이에 대한 인구의 비율은 얼마인가요?

(   )

6 두 마을 중 인구가 더 밀집한 마을은 어디일까요?

(   )

7 빨간색 물감 120 mL와 파란색 물감 80 mL를 섞어 보라색 물감을 만들었습니다. 만든 보라색 물감에서 빨간색 물감 양에 대한 파란색 물감 양의 비율을 구해 보세요.

(   )

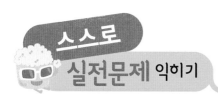

1 진희네 반 학생 31명 중에서 12명은 안경을 썼고 나머지는 쓰지 않았습니다. 진희네 반 전체 학생 수에 대한 안경을 쓰지 않은 학생 수의 비를 써 보세요.

(   )

2 높이가 480 cm인 나무가 있습니다. 어느 시각 나무의 그림자의 길이를 재어 보니 80 cm입니다. 나무의 높이와 그림자의 길이만큼 색칠해 보고, ☐ 안에 알맞은 수를 써넣으세요.

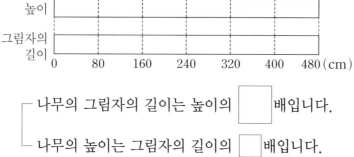

┌ 나무의 그림자의 길이는 높이의 ☐ 배입니다.

└ 나무의 높이는 그림자의 길이의 ☐ 배입니다.

3 ㉠ 자동차는 220 km를 가는 데 2시간이 걸렸고 ㉡ 자동차는 260 km를 가는 데 4시간이 걸렸습니다. 두 자동차의 걸린 시간에 대한 달린 거리의 비율을 각각 구하고, 어느 자동차가 더 빠른지 알아보세요.

㉠ 자동차 (   ), ㉡ 자동차 (   )

더 빠른 자동차 (   )

4 설아는 사회 시간에 마을 지도를 그리는 데 실제 거리가 800 m인 거리를 지도에서는 5 cm로 그렸습니다. 설아가 그린 지도에서 실제 거리에 대한 지도에서의 거리의 비율을 분수로 나타내어 보세요.

(   )

5 어느 학교 남학생 수에 대한 여학생 수의 비율이 1.5일 때 여학생 수에 대한 남학생 수의 비율을 기약분수로 나타내어 보세요.

(   )

6 세 광역시의 넓이와 인구를 조사한 표입니다. 세 광역시 중 인구가 가장 밀집한 곳을 구해 보세요.

광역시	부산	광주	대구
인구(명)	3521473	1473697	2498632
넓이(km^2)	765	501	883

(   )

7 연아네 반 학급 문고에 있는 전체 책 수에 대한 과학책 수의 비율은 $\dfrac{13}{30}$ 입니다. 전체 책 수가 90권이면 과학책은 몇 권인지 알아보려고 합니다. ☐ 안에 알맞은 말이나 수를 써넣으세요.

(1) 기준량: ☐ , 비교하는 양: ☐ , 비율: ☐

(2) 두 가지 방법으로 과학책 수를 구해 보세요.

방법 1 $(비율)=\dfrac{(비교하는\ 양)}{(기준량)}$ 을 이용하여 구하기

과학책 수를 ■권이라 하면

$$\dfrac{■}{90}=\dfrac{13}{30}=\dfrac{13\times ☐}{30\times 3}=\dfrac{☐}{90} \rightarrow ■=☐$$

방법 2 (비교하는 양)=(기준량)×(비율)을 이용하여 구하기

(과학책 수)=90× ☐ = ☐ (권)

(3) 과학책은 ☐ 권입니다.

1 □ 안에 공통으로 들어갈 말을 써넣으세요.

> 기준량을 100으로 할 때의 비율을 ☐
> (이)라고 합니다.
> ☐ (은)는 기호 %를 사용하여 나타냅
> 니다.

2 비율을 백분율로 나타내어 보세요.

(1) $\frac{2}{5}$ → (   )

(2) 0.35 → (   )

3 백분율을 분수나 소수로 나타내어 보세요.

(1) 11 % → 분수 (   )

(2) 25 % → 분수 (   )

(3) 10 % → 소수 (   )

(4) 74 % → 소수 (   )

4 그림을 보고 전체에 대한 색칠한 부분의 비율을 백분율로 나타내어 보세요.

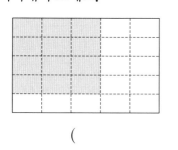

(   )

5 빈칸에 알맞은 수를 써넣으세요.

분수	소수	백분율(%)
$\frac{79}{100}$		
	0.27	
$\frac{11}{25}$		

6 비율이 나머지와 다른 하나는 어느 것인가요?

······························ (   )

① 14 : 40   ② $\frac{7}{20}$ ③ 0.35

④ $\frac{14}{100}$ ⑤ 35 %

7 백분율에 대해 바르게 말한 친구의 이름을 써 보세요.

> 민재: 비율 $\frac{1}{20}$ 을 소수로 나타내면 0.05이고,
> 백분율로 나타내면 50 %야.
> 선주: 비율 $\frac{19}{20}$ 를 백분율로 나타내면 $\frac{19}{20}$ 에
> 100을 곱해서 나온 값 95에 기호 %를
> 붙인 95 %야!

(   )

1 소금물의 진하기는 몇 % 인지 □ 안에 알맞은 수를 써넣으세요.

> 소금물 200 g에 소금 30 g이 녹아 있는 경우

$$(\text{소금물의 진하기}) = \frac{30}{\boxed{}} \times 100$$
$$= \boxed{} (\%)$$

4 소금물에 녹아 있는 소금의 양은 몇 g인지 구하려고 합니다. □ 안에 알맞은 수를 써넣으세요.

⑴ 진하기가 18 % 인 소금물 300 g
➡ (소금 양) $= \boxed{} \times 0.18$
$= \boxed{}$ (g)

⑵ 진하기가 24 % 인 소금물 600 g
➡ (소금 양) $= \boxed{} \times 0.24$
$= \boxed{}$ (g)

[2~3] 준하와 현호는 축구 연습을 하여 다음과 같은 결과를 얻었습니다. 물음에 답하세요.

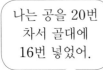

나는 공을 20번 차서 골대에 16번 넣었어.

난 공을 25번 차서 골대에 19번 넣었어.

준하

현호

2 준하와 현호의 골 성공률은 각각 몇 % 인가요?

준하 (   )
현호 (   )

3 준하와 현호 중 누구의 골 성공률이 더 높은가요?

(   )

5 은하네 아파트 대표 선거에서 650명이 투표에 참여했습니다. 가 후보의 득표율은 몇 % 인지 구해 보세요.

후보	가	나	무효표
득표 수(표)	442	200	8

(   )

6 놀이공원 입장료는 35000원인데 카드 할인을 받아 21000원을 냈습니다. 몇 % 를 할인 받은 것인가요?

(   )

7 A 가수와 B 가수 중 어느 가수의 콘서트 점유율이 더 높은가요?

> A 가수의 콘서트는 좌석 수에 대한 관객 수의 비율이 97 % 이고, B 가수의 콘서트는 좌석 1200석당 1152명이 입장했습니다.

(   )

정답과 해설 61쪽

1 기준량이 비교하는 양보다 작은 경우를 모두 찾아 기호를 써 보세요.

| ㉠ 86 % | ㉡ 0.97 | ㉢ $\frac{13}{8}$ | ㉣ $\frac{6}{7}$ | ㉤ 103 % |

(   )

2 스케치북의 긴 쪽의 길이는 40 cm이고 짧은 쪽의 길이는 32 cm입니다. 스케치북의 긴 쪽의 길이에 대한 짧은 쪽의 길이의 비율을 백분율로 나타내어 보세요.

(   )

3 컴퓨터 자격증 시험을 신청한 사람은 1400명입니다. 그중에서 1330명이 시험에 응시했습니다. 시험에 응시하지 않은 사람은 시험을 신청한 사람의 몇 %인가요?

(   )

4 어느 시외 버스의 요금이 2500원에서 2300원으로 내렸다고 합니다. 처음 요금에 대한 내린 요금의 비율을 백분율로 나타내어 보세요.

(   )

개념
학습책
96쪽

5 어느 은행에 100000원을 예금하였더니 1년 뒤에 이자가 3400원이 되었습니다. 이 은행에 1년 동안 예금할 때의 이자율은 몇 %인가요?

( )

6 어느 야구 선수가 올해 125타수 중에서 안타를 40개 쳤다고 합니다. 이 선수의 타율은 몇 %인가요?

( )

7 가 그릇과 나 그릇에 들어 있는 설탕물 양에 대한 설탕 양의 비율을 각각 구하고, 두 그릇 중 설탕물이 더 진한 것을 써 보세요.

그릇	설탕물(g)	설탕(g)	설탕물 양에 대한 설탕 양의 비율(%)
가	500	55	
나	250	25	

( )

8 어느 가게에서 4000원짜리 물건을 240원 할인하여 팝니다. 할인율이 일정할 때 이 가게에서 10000원짜리 물건을 산다면 얼마를 할인 받을 수 있나요?

( )

1 어느 편의점에서 파는 과자의 원래 가격과 판매 가격을 나타낸 표입니다. 할인율이 가장 높은 과자는 무엇인가요?

과자	원래 가격(원)	판매 가격(원)
가	1000	850
나	2500	2200
다	1250	1000

(   )

2 한 개에 800원인 막대 사탕이 920원으로 오르고 한 개에 1500원인 초콜릿이 1800원으로 올랐습니다. 막대 사탕과 초콜릿 중 어느 것의 가격이 몇 % 더 올랐나요?

(   ), (   )

3 구슬을 진호는 51개, 경주는 26개 가지고 있습니다. 진호와 경주가 가진 구슬 수의 비가 7 : 4가 되게 하려면 진호는 경주에게 구슬을 몇 개 주어야 하나요?

(   )

4 수학경시대회에 참가한 학생은 500명입니다. 그중 40 %가 예선을 통과했고 예선을 통과한 학생 중 3 %만이 본선에 진출했다고 합니다. 본선에 진출한 학생은 몇 명인가요?

(   )

5 액자의 가로에 대한 세로의 비율이 $\dfrac{9}{16}$일 때 액자의 넓이는 몇 cm^2인지 구해 보세요.

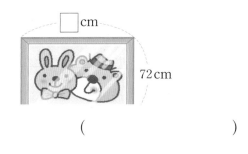

□cm

72 cm

(   )

6 집에서 도서관까지 가는 데 걸린 시간에 대한 간 거리의 비율이 400입니다. 도서관까지의 거리가 4800 m일 때 걸린 시간은 몇 분인가요? (단, 시간의 단위는 분이고 거리의 단위는 m입니다.)

(   )

학교시험대비 단원평가

점수	확인

1 선생님께서 혁재네 반 학생 25명에게 공책 100권을 나누어 주셨습니다. 학생 수와 공책 수를 비교해 보세요.

(1) 뺄셈으로 비교하면 공책 수는 학생 수보다 □ 더 많습니다.

(2) 나눗셈으로 비교하면 공책 수는 학생 수의 □ 배입니다.

2 그림을 보고 □ 안에 알맞은 수를 써넣으세요.

(1) 연필 수와 지우개 수의 비 ➜ □ : □
(2) 지우개 수와 연필 수의 비 ➜ □ : □

3 다음 비에서 기준량과 비교하는 양을 각각 써 보세요.

8의 20에 대한 비

기준량 (   )
비교하는 양 (   )

4 전체에 대한 색칠한 부분의 비율을 분수로 나타내어 보세요.

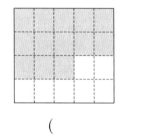

(   )

5 비율이 다른 하나에 ◯표 하세요.

$\frac{31}{100}$	3.1	31 %
( )	( )	( )

6 관계있는 것끼리 선으로 이어 보세요.

4에 대한 3의 비	•	•	0.35
7과 20의 비	•	•	0.48
12 대 25	•	•	0.75

7 빈칸에 알맞은 수를 써넣으세요.

분수	소수	백분율 (%)
$\frac{11}{100}$		11
	0.12	
$\frac{24}{25}$		

8 두 비율의 크기를 비교하여 ◯ 안에 >. =. < 를 알맞게 써넣으세요.

$$\frac{17}{20} \bigcirc 90\,\%$$

9 전체에 대한 색칠한 부분의 비나 비율을 잘못 나타낸 것을 찾아 기호를 써 보세요.

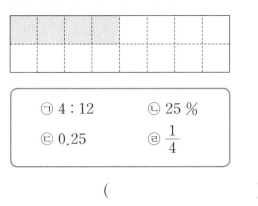

⊙ 4 : 12   ⓛ 25 %

ⓒ 0.25   ⓔ $\frac{1}{4}$

(   )

10 과일이 모두 40개 있습니다. 이 중에서 사과가 24개입니다. 전체 과일 수에 대한 사과 수의 비율을 소수로 나타내어 보세요.

(   )

11 성주네 반 남학생은 12명이고 여학생은 15명입니다. 남학생 수와 여학생 수의 비율을 기약분수로 나타내어 보세요.

(   )

12 어느 가게에서 5000원어치 물건을 사면 250원을 적립해 줍니다. 이 가게에서 물건을 살 때 적립율은 몇 % 인가요?

(   )

13 넓이가 206 km²인 도시의 인구는 631532명입니다. 이 도시의 넓이에 대한 인구의 비율을 반올림하여 일의 자리까지 나타내어 보세요.

(   )

[**14~15**] 한 변의 길이가 8 cm인 정사각형의 각 변의 길이를 150 %로 확대했습니다. 물음에 답하세요.

14 확대한 정사각형의 한 변의 길이는 몇 cm인가요?

(   )

15 확대한 정사각형의 넓이는 몇 cm²인가요?

(   )

16 어느 신발 가게에서 파는 신발의 원래 가격과 판매 가격을 나타낸 표입니다. 할인율이 가장 낮은 신발은 무엇인가요?

신발	원래 가격(원)	판매 가격(원)
장화	15000	13500
구두	40000	38000
운동화	36000	30600

(   )

17 진하기가 12 %인 소금물 200 g에 녹아 있는 소금은 몇 g인가요?

(   )

18 과자 80 g에 들어 있는 주요 영양성분표입니다. 과자 100 g을 섭취하면 탄수화물을 몇 g 섭취한 것인가요?

열량 : 285 kcal	단백질 : 5 g
지방 : 9 g	탄수화물 : 44 g

(   )

19 분식집에 남자가 3명, 여자가 8명 있습니다. 전체 사람 수에 대한 여자 수의 비율은 분수로 얼마인지 풀이 과정을 쓰고, 답을 구해 보세요.

풀이 _____

_____

_____

답 _____

20 어떤 축구 선수가 골을 성공한 횟수가 15번인데 이것은 공을 찬 횟수의 75 %라고 합니다. 이 선수가 공을 찬 횟수는 몇 번인지 풀이 과정을 쓰고, 답을 구해 보세요.

풀이 _____

_____

_____

답 _____

5 여러 가지 그래프

1 그림그래프로 나타내기

정답과 해설 **64**쪽

[1~3] 도별 쌀 생산량을 나타낸 그림그래프입니다. 물음에 답하세요.

도별 쌀 생산량

🏢 10만 t
🏢 1만 t

1 경기도의 쌀 생산량은 몇 t인가요?

( )

2 쌀 생산량이 가장 많은 지역은 어느 곳인가요?

( )

3 쌀 생산량이 가장 적은 지역은 어느 곳인가요?

( )

[4~7] 어느 해 농장별 달걀 생산량을 조사한 표를 보고 그림그래프로 나타내려고 합니다. 물음에 답하세요.

농장별 달걀 생산량

농장	가	나	다	라
생산량(만 개)			210	120

농장별 달걀 생산량

농장	달걀 생산량
가	🥚🥚🥚🥚🥚
나	🥚🥚🥚🥚🥚🥚
다	
라	

🥚 100만 개 🥚 10만 개

4 가 농장의 달걀 생산량은 몇 개인가요?

( )

5 나 농장의 달걀 생산량은 몇 개인가요?

( )

6 그림그래프를 완성해 보세요.

7 농장별 달걀 생산량의 많고 적음을 쉽게 비교하는 데 표와 그림그래프 중에서 어느 것이 더 편리하다고 생각하나요?

( )

개념
학습책
109쪽

[1~3] 선아네 학교 학생 200명이 좋아하는 음식을 조사하여 나타낸 표입니다. 물음에 답하세요.

좋아하는 음식별 학생 수

음식	김밥	짜장면	피자	햄버거	합계
학생 수(명)	40	80	60	20	200

1 좋아하는 음식별 학생 수의 백분율을 구해 보세요.

김밥: $\dfrac{40}{200} \times 100 = 20$ (%)

짜장면: $\dfrac{80}{200} \times 100 = \boxed{}$ (%)

피자: $\dfrac{60}{200} \times 100 = \boxed{}$ (%)

햄버거: $\dfrac{20}{200} \times 100 = \boxed{}$ (%)

2 위 1에서 구한 각 항목의 백분율을 띠 모양에 그래프로 나타내었습니다. □ 안에 알맞은 수를 써넣으세요.

좋아하는 음식별 학생 수

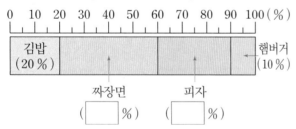

3 위 2와 같은 그래프를 무엇이라고 하나요?

(　　　　　　)

[4~7] 준호네 학교 6학년 학생들이 가고 싶은 나라를 조사하여 나타낸 표와 띠그래프입니다. 물음에 답하세요.

가고 싶은 나라별 학생 수

나라	태국	영국	독일	인도	합계
학생 수(명)	75	120	60	45	300

가고 싶은 나라별 학생 수

```
0  10  20  30  40  50  60  70  80  90  100 (%)
┌─────┬──────────────┬──────┬────┐
│ 태국 │     영국      │ 독일 │인도│
│(25%)│    (40%)     │(20%)│(15%)│
└─────┴──────────────┴──────┴────┘
```

4 영국에 가고 싶은 학생 수를 알아보기 더 편리한 것에 ○표 하고, 몇 명인지 구해 보세요.

(표 , 띠그래프)　(　　　　　　)

5 태국에 가고 싶은 학생 수의 비율을 알아보기 더 편리한 것에 ○표 하고, 전체 학생 수의 몇 %인지 구해 보세요.

(표 , 띠그래프)　(　　　　　　)

6 준호네 학교 6학년 학생 수를 알아보기 더 편리한 것에 ○표 하고, 모두 몇 명인지 구해 보세요.

(표 , 띠그래프)　(　　　　　　)

7 가장 많은 학생들이 가고 싶은 나라가 어디인지 한눈에 알아보기 더 편리한 것에 ○표 하고, 답을 구해 보세요.

(표 , 띠그래프)　(　　　　　　)

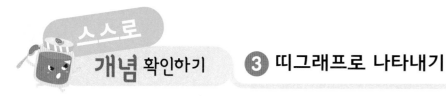
[1~3] 미주네 반 학생들의 장래 희망을 조사하여 나타낸 표입니다. 물음에 답하세요.

장래 희망별 학생 수

장래 희망	연예인	의사	과학자	합계
학생 수(명)	15	6	9	30

1 장래 희망별 학생 수의 백분율을 구해 보세요.

연예인: $\frac{15}{30} \times 100 = \boxed{}$ (%)

의사: $\frac{6}{30} \times \boxed{} = \boxed{}$ (%)

과학자: $\frac{\boxed{}}{30} \times 100 = \boxed{}$ (%)

2 표를 완성해 보세요.

장래 희망별 학생 수

장래 희망	연예인	의사	과학자	합계
백분율(%)				

3 위 **2**의 표를 보고 띠그래프로 나타내어 보세요.

장래 희망별 학생 수

0 10 20 30 40 50 60 70 80 90 100 (%)

4 철우네 학교 학생들이 좋아하는 동물을 조사하여 백분율로 나타낸 표입니다. 표를 보고 띠그래프로 나타내어 보세요.

좋아하는 동물별 학생 수

동물	개	고양이	기린	사자	합계
백분율(%)	40	30	20	10	100

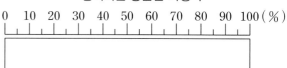

좋아하는 동물별 학생 수

0 10 20 30 40 50 60 70 80 90 100 (%)

[5~6] 글을 읽고 물음에 답하세요.

소라네 학교 6학년 학생 240명이 좋아하는 색깔을 조사했더니 초록색은 108명, 노란색은 24명, 파란색은 48명, 기타는 60명이었습니다.

5 위의 글을 읽고 표를 완성해 보세요.

좋아하는 색깔별 학생 수

색깔	초록색	노란색	파란색	기타	합계
학생 수(명)					
백분율(%)					

6 위 **5**의 표를 보고 띠그래프로 나타내어 보세요.

좋아하는 색깔별 학생 수

0 10 20 30 40 50 60 70 80 90 100 (%)

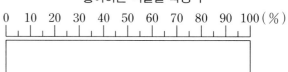

개념
학습책
113쪽

5 단원

[1~3] 어느 해 권역별 석유 매장량을 조사하여 나타낸 표와 그림그래프입니다.
물음에 답하세요.

권역별 석유 매장량

권역	아프리카	중동	아시아	중남미	합계
매장량(배럴)	120조		60조	240조	1200조
백분율(%)		65			100

권역별 석유 매장량

⊠ 100조 배럴
▯ 10조 배럴

1 표와 그림그래프를 각각 완성해 보세요.

2 위의 표를 보고 권역별 석유 매장량을 띠그래프로 나타내어 보세요.

권역별 석유 매장량

```
0   10   20   30   40   50   60   70   80   90   100 (%)
└────────────────────────────────────────────────────┘
```

3 ☐ 안에 알맞은 말을 써넣으세요.

그림그래프는 자료의 수를 그대로 그림으로 나타내지만, ☐는
각 항목의 비율을 백분율로 나타내므로 큰 자료의 값도 100 이하의 비
율로 쓸 수 있습니다.

[4~5] 어느 지역 사람들의 한 달 동안의 독서 시간을 조사하여 나타낸 띠그래 프입니다. 물음에 답하세요.

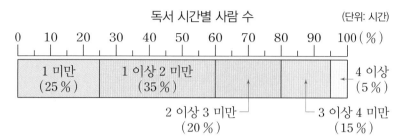

독서 시간별 사람 수   (단위: 시간)

4 한 달 동안 독서 시간이 1시간 이상 2시간 미만인 사람의 비율은 전체의 몇 %인가요?

(   )

5 한 달 동안 독서 시간이 3시간 이상인 사람의 비율은 전체의 몇 %인가요?

(   )

[6~7] 영주네 학교 학생들이 좋아하는 간식을 조사하여 나타낸 띠그래프입니 다. 물음에 답하세요.

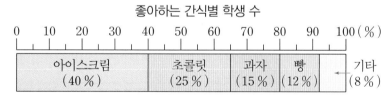

좋아하는 간식별 학생 수

6 과자를 좋아하는 학생은 전체의 몇 %인가요?

(   )

7 과자를 좋아하는 학생이 90명이라면 조사한 전체 학생은 몇 명인가요?

(   )

[1~3] 정수네 학교 학생 250명이 좋아하는 과일을 조사하여 나타낸 표입니다. 물음에 답하세요.

좋아하는 과일별 학생 수

과일	사과	포도	수박	참외	합계
학생 수(명)	95	50	100	5	250

1 좋아하는 과일별 학생 수의 백분율을 구해 보세요.

사과: $\dfrac{95}{250} \times 100 = \boxed{}$ (%)

포도: $\dfrac{50}{250} \times 100 = \boxed{}$ (%)

수박: $\dfrac{100}{250} \times 100 = \boxed{}$ (%)

참외: $\dfrac{5}{250} \times 100 = \boxed{}$ (%)

2 위 **1**에서 구한 각 항목의 백분율을 원 모양에 그래프로 나타내었습니다. □ 안에 알맞은 수를 써넣으세요.

좋아하는 과일별 학생 수

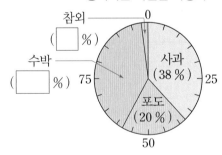

3 위 **2**와 같은 그래프를 무엇이라고 하나요?

( )

[4~6] 1반과 2반 학생들이 좋아하는 운동을 각각 조사하여 나타낸 그래프입니다. 물음에 답하세요.

좋아하는 운동별 학생 수(1반)

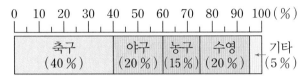

좋아하는 운동별 학생 수(2반)

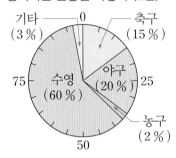

4 2반에서 야구를 좋아하는 학생은 전체의 몇 % 인가요?

( )

5 2반에서 수영을 좋아하는 학생의 비율은 1반에서 수영을 좋아하는 학생의 비율의 몇 배인가요?

( )

6 두 그래프에 대한 설명으로 틀린 것을 찾아 기호를 써 보세요.

> ㉠ 1반에서 농구를 좋아하는 학생 수와 2반에서 축구를 좋아하는 학생 수는 같습니다.
> ㉡ 전체는 100 %를 나타냅니다.
> ㉢ 각 항목끼리의 비율을 쉽게 비교할 수 있습니다.

( )

[1~2] 민지네 학교 학생들이 배우고 싶은 악기를 조사하여 나타낸 표입니다. 물음에 답하세요.

배우고 싶은 악기별 학생 수

악기	피아노	리코더	드럼	하프	합계
학생 수(명)	180	100	80	40	400
백분율(%)					

1 표를 완성해 보세요.

2 위의 표를 보고 원그래프로 나타내어 보세요.

배우고 싶은 악기별 학생 수

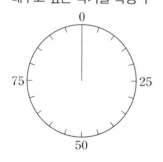

3 은주네 학교 학생들이 좋아하는 채소를 조사하여 백분율로 나타낸 표입니다. 표를 보고 원그래프로 나타내어 보세요.

좋아하는 채소별 학생 수

채소	오이	당근	감자	상추	합계
백분율(%)	40	30	25	5	100

좋아하는 채소별 학생 수

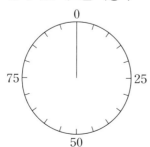

[4~6] (가)와 (나) 마을의 나무 수를 조사하여 나타낸 표입니다. 물음에 답하세요.

종류별 나무 수

종류	은행나무	소나무	벚나무	합계
(가) 마을(그루)	54	36	90	180
(나) 마을(그루)	108	72	180	360

4 (가)와 (나) 마을의 종류별 나무 수의 백분율을 구하여 표를 완성해 보세요.

종류별 나무 수

종류	은행나무	소나무	벚나무	합계
(가) 마을(%)	30	20		
(나) 마을(%)			50	

5 위 **4**의 표를 보고 원그래프로 각각 나타내어 보세요.

(가) 마을의 종류별 나무 수　(나) 마을의 종류별 나무 수

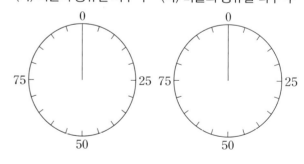

6 알맞은 말에 ◯표 하세요.

(가)와 (나) 마을의 종류별 나무 수는 다르지만 전체에 대한 각 항목의 비율이 같으므로 두 원그래프의 모양은 (같습니다 , 다릅니다).

[1~2] 어느 공장에서 생산하는 종류별 빵의 수를 조사하여 나타낸 그림그래프입니다. 물음에 답하세요.

종류별 빵의 수

종류	크림빵	식빵	팥빵	도넛
빵의 수 (개)	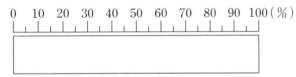

🥖 1000개   🥖 100개

1 그림그래프를 보고 표와 띠그래프를 완성해 보세요.

종류별 빵의 수

종류	크림빵	식빵	팥빵	도넛	합계
빵의 수(개)	4000	2500			
백분율(%)					

종류별 빵의 수

0 10 20 30 40 50 60 70 80 90 100 (%)

2 □ 안에 알맞은 말을 써넣으세요.

☐는 항목별 많고 적음을 그림의 크기로 알 수 있고 띠그래프는 ☐의 길이로 알 수 있습니다.

3 원그래프를 보고 이 식품의 영양소 중 비율이 40 % 이상인 것을 찾아 써 보세요.

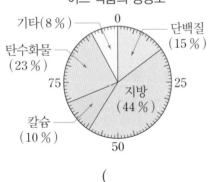

어느 식품의 영양소

기타(8 %)
단백질 (15 %)
탄수화물 (23 %)
지방 (44 %)
칼슘 (10 %)

(   )

4 자료를 그래프로 나타낼 때 어떤 그래프가 좋은지 ·보기·에서 찾아 써 보세요.

┌─ 보기 ─────────────────────┐
│ 막대그래프   꺾은선그래프   원그래프 │
│ 그림그래프   띠그래프   │
└───────────────────────────┘

(1) 월별 정민이의 몸무게의 변화

(   )

(2) 연령대별 인구 수

(   )

(3) 권역별 미세 먼지 농도

(   )

[5~6] 2008년과 2018년에 어느 마을의 농작물별 수확량을 조사하여 나타낸 띠그래프입니다. 물음에 답하세요.

농작물별 수확량

	고구마	감자	옥수수	콩
2008년	12 %	22 %	30 %	36 %
2018년	36 %	20 %	28 %	16 %

5 2018년의 고구마 수확량의 비율은 2008년의 고구마 수확량의 비율의 몇 배인가요?

(   )

6 2028년의 콩 수확량은 어떻게 될지 예상해 보세요.

(   )

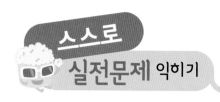

1 어느 수산물 시장에서 판매하는 수산물을 조사하여 나타낸 띠그래프입니다.
9월 꽃게 판매량의 비율은 4월 꽃게 판매량의 비율의 몇 배인가요?

4월 수산물별 판매량

갈치 (20 %)	고등어 (25 %)	꽃게 (10 %)	주꾸미 (45 %)

9월 수산물별 판매량

갈치 (18 %)	고등어 (20 %)	꽃게 (50 %)	주꾸미 (12 %)

(   )

[2~3] 성훈이네 학교 6학년 학생들이 생각하는 바다의 중요한 기능에 대해 조사하여 나타낸 원그래프입니다. 물음에 답하세요.

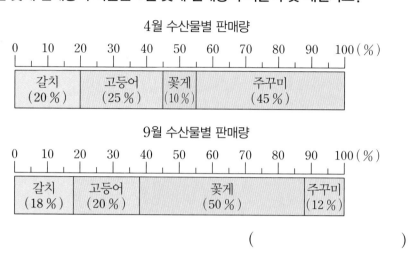

바다의 중요한 기능

2 학생들이 생각하는 바다의 중요한 기능 중 해산물 양식의 비율은 전체의
몇 %인가요?

(   )

3 바다의 중요한 기능을 바다 생물의 생활 터전이라고 답한 학생이 84명이
라고 할 때, 해산물 양식이라고 답한 학생은 몇 명인가요?

(   )

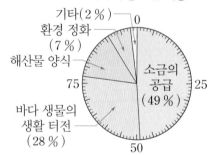

4 친구들이 좋아하는 샌드위치 종류를 조사하였습니다. 조사한 전체 학생이 80명일 때 햄 샌드위치를 좋아하는 학생은 몇 명인가요?

좋아하는 샌드위치 종류별 학생 수

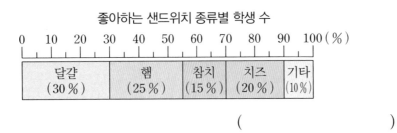

(   )

5 어느 도시의 연령대별 인구를 조사하여 나타낸 띠그래프입니다. 시간이 지날수록 연령대별 인구 비율이 어떻게 변하는지 써 보세요.

연령대별 인구

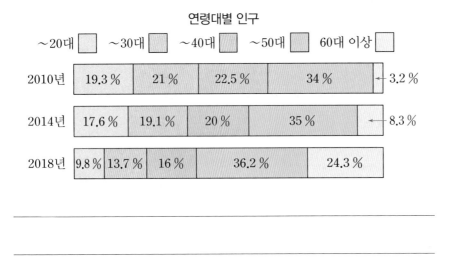

_____

_____

6 윤정이네 학교 학생들의 성씨를 조사하여 나타낸 원그래프입니다. 최씨가 50명이라면 전체 학생 수는 몇 명인가요?

성씨별 학생 수

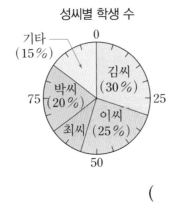

(   )

1 다음은 빵 반죽을 만드는 데 사용한 재료를 조사하여 나타낸 원그래프입니다. 빵 반죽 재료에서 설탕의 비율을 반으로 줄이고, 그만큼 콩가루의 비율을 늘여서 새 빵을 만들었습니다. 새 빵에 들어간 콩가루의 양은 전체의 몇 %가 될까요?

재료별 분량

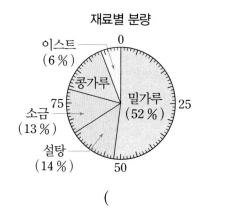

(   )

2 어느 국제 학교의 나라별 학생 수를 조사하여 길이가 20 cm인 띠그래프로 나타낸 것입니다. 전체 학생 수가 400명이라면 한국 학생은 몇 명인가요?

나라별 학생 수

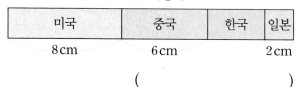

미국	중국	한국	일본
8 cm	6 cm		2 cm

(   )

3 유리네 집의 한 달 생활비의 쓰임을 조사하여 나타낸 띠그래프입니다. 교육비가 30만 원이라면 식품비는 얼마인가요?

한 달 생활비의 쓰임

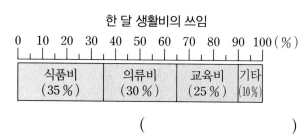

(   )

4 윤화네 학교 여학생과 남학생의 비율과 남학생이 좋아하는 운동을 나타낸 원그래프입니다. 전체 학생 수가 500명일 때 피구를 좋아하는 남학생은 몇 명인가요?

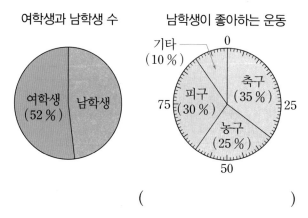

(   )

학교시험대비 단원평가

점수	확인

[1~2] 권역별 사과 생산량을 나타낸 그림그래프입니다. 물음에 답하세요.

권역별 사과 생산량

🍎 10만 t
🍎 1만 t
🍎 1천 t

1 광주·전라 권역의 사과 생산량은 몇 t인가요?

( )

2 사과 생산량이 가장 많은 권역은 어디인가요?

( )

[3~4] 자원 봉사에 참가한 학생들의 학년을 조사하여 나타낸 띠그래프입니다. 물음에 답하세요.

자원 봉사에 참가한 학년별 학생 수

```
0  10  20  30  40  50  60  70  80  90  100(%)
```
| 3학년 (20%) | 4학년 (25%) | 5학년 (25%) | 6학년 (15%) |

1학년 ─ 2학년
(10%) (5%)

3 참가한 학생 수가 4학년과 같은 학년은 몇 학년인가요?

( )

4 참가한 학생 수가 가장 적은 학년은 어느 학년인가요?

( )

[5~6] 다음을 보고 물음에 답하세요.

> ㉠ 시간별 교실의 온도 변화
> ㉡ 우리 학교 학생들이 좋아하는 꽃
> ㉢ 우유에 들어 있는 영양 성분
> ㉣ 시간별 그림자의 길이 변화

5 꺾은선그래프로 나타내면 쉽게 알 수 있는 것을 모두 찾아 기호를 써 보세요.

( )

6 띠그래프 또는 원그래프로 나타내면 쉽게 알 수 있는 것을 모두 찾아 기호를 써 보세요.

( )

[7~8] 다음은 수호네 학교 6학년 학생들이 좋아하는 과목을 조사하여 나타낸 표입니다. 물음에 답하세요.

좋아하는 과목별 학생 수

과목	국어	수학	과학	기타	합계
학생 수(명)	42	84	112	42	280
백분율(%)					

7 표를 완성해 보세요.

8 위의 표를 보고 띠그래프로 나타내어 보세요.

좋아하는 과목별 학생 수

```
0  10  20  30  40  50  60  70  80  90  100(%)
```

[9~10] 희경이네 반 학생들이 사칙연산 중 가장 자신 있는 계산을 조사하여 나타낸 원그래프입니다. 물음에 답하세요.

가장 자신 있는 계산별 학생 수

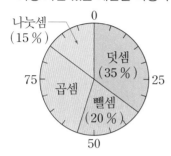

9 곱셈이 가장 자신 있는 학생은 전체의 몇 % 인가요?

( )

10 계산별 학생 수의 비율이 25 % 이하인 것을 모두 찾아 써 보세요.

( )

[11~12] 영호네 반 학생들의 혈액형을 조사하여 나타낸 띠그래프입니다. 물음에 답하세요.

혈액형별 학생 수

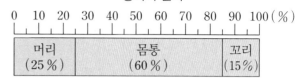

11 잘못 설명한 것을 찾아 기호를 써 보세요.

> ㉠ 영호네 반 학생들의 혈액형은 4가지입니다.
> ㉡ A형인 학생이 O형인 학생보다 많습니다.
> ㉢ AB형인 학생이 가장 적습니다.

( )

12 B형인 학생 수는 AB형인 학생 수의 몇 배인가요?

( )

[13~14] 인규가 잡은 32 cm짜리 붕어의 길이를 조사하여 나타낸 띠그래프입니다. 물음에 답하세요.

붕어의 길이

0 10 20 30 40 50 60 70 80 90 100 (%)

머리 (25 %)	몸통 (60 %)	꼬리 (15 %)

13 붕어의 몸통의 길이는 몇 cm인가요?

( )

14 띠그래프의 전체 길이가 20 cm라면 띠그래프에서 꼬리가 차지하는 길이는 몇 cm인가요?

( )

15 영호네 학교 6학년 학생들이 배우고 싶은 언어를 조사하여 나타낸 원그래프입니다. 중국어를 배우고 싶은 학생이 40명일 때 영호네 학교 6학년 전체 학생은 몇 명인가요?

배우고 싶은 언어별 학생 수

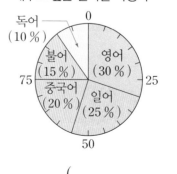

( )

[16~18] A 마을과 B 마을에 있는 과일나무를 조사하여 나타낸 띠그래프입니다. 물음에 답하세요.

종류별 과일나무 수

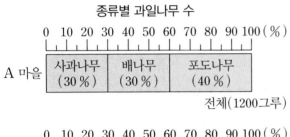

전체(1200그루)

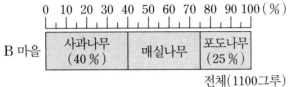

전체(1100그루)

16 B 마을에서 매실나무는 몇 그루인가요?

( )

17 A 마을과 B 마을 중에서 어느 마을의 사과나무가 몇 그루 더 많은가요?

( ), ( )

18 A 마을에서 배나무 1그루마다 배를 90개씩 수확했다고 합니다. A 마을에서 수확한 배는 모두 몇 개인가요?

( )

19 학생들이 좋아하는 악기를 조사하여 나타낸 원그래프입니다. 원그래프로 나타내면 좋은 점을 써 보세요.

좋아하는 악기별 학생 수

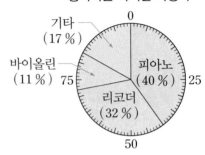

_____

_____

20 국토대장정에 참가한 학생 40명의 나이를 나타낸 띠그래프입니다. 13살인 학생의 25 %가 여학생일 때 13살인 남학생은 몇 명인지 풀이 과정을 쓰고, 답을 구해 보세요.

참가한 나이별 학생 수

0	10	20	30	40	50	60	70	80	90	100 (%)
13살 (70 %)							14살 (30 %)			

풀이 _____

_____

_____

답 _____

6 직육면체의 부피와 겉넓이

1 직육면체의 부피 비교

정답과 해설 68쪽

1 크기가 같은 쌓기나무로 다음과 같이 직육면체를 만들었습니다. 물음에 답하세요.

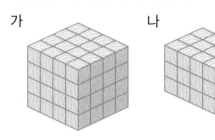

가   나

(1) 직육면체 가의 쌓기나무는 ☐ 개입니다.

(2) 직육면체 나의 쌓기나무는 ☐ 개입니다.

(3) 쌓기나무의 수가 더 많은 직육면체는 ☐ 입니다.

(4) 부피가 더 큰 직육면체는 ☐ 입니다.

2 직육면체 모양의 상자 안에 쌓기나무를 빈틈없이 담으려고 합니다. 물음에 답하세요.

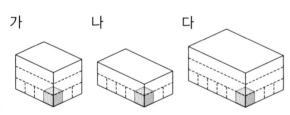

가   나   다

(1) 가 상자에 담을 수 있는 쌓기나무는 몇 개인가요?

(   )

(2) 나 상자에 담을 수 있는 쌓기나무는 몇 개인가요?

(   )

(3) 다 상자에 담을 수 있는 쌓기나무는 몇 개인가요?

(   )

(4) 부피가 가장 작은 상자는 어느 것인가요?

(   )

3 그림과 같은 두 직육면체의 부피를 직접 맞대어 비교할 수 있는지 없는지 답해 보세요.

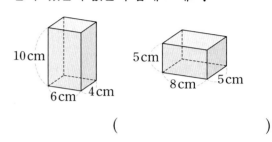

(   )

4 세 직육면체의 부피를 비교하여 ☐ 안에 알맞은 기호를 써넣으세요.

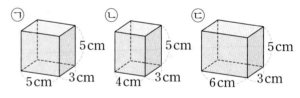

ㄱ   ㄴ   ㄷ

• 부피가 가장 큰 직육면체는 ☐ 입니다.

• 부피가 가장 작은 직육면체는 ☐ 입니다.

5 직접 맞대었을 때 부피를 비교할 수 있는 두 상자를 찾아 기호를 써 보세요.

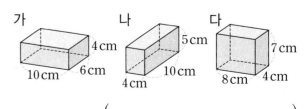

가   나   다

(   )

6
단원

개념
학습책
135쪽

1 ☐ 안에 알맞게 써넣으세요.

> 한 모서리의 길이가 1 cm인 정육면체의 부피
> 를 1 ☐ (이)라 쓰고,
>
> ☐ (이)라고 읽습니다.

2 부피가 1 cm³인 쌓기나무로 다음과 같이 직육면체를 만들었습니다. 물음에 답하세요.

가   나

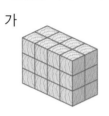   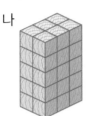

(1) 가 직육면체의 부피는 몇 cm³인가요?

(   )

(2) 나 직육면체의 부피는 몇 cm³인가요?

(   )

(3) 나 직육면체는 가 직육면체보다 부피가 몇 cm³ 더 큰가요?

(   )

[**3~4**] 직육면체의 부피는 몇 cm³인지 구해 보세요.

3

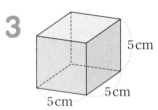

(   )

4

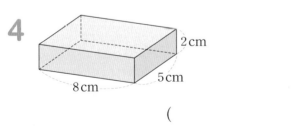

(   )

5 가로가 15 cm, 세로가 8 cm, 높이가 5 cm인 직육면체 모양의 선물 상자가 있습니다. 선물 상자의 부피는 몇 cm³인가요?

(   )

6 색칠한 면의 넓이가 42 cm²일 때 직육면체의 부피는 몇 cm³인지 구해 보세요.

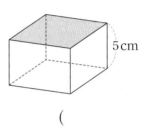

(   )

7 오른쪽 정육면체에서 색칠한 면의 둘레는 36 cm입니다. 물음에 답하세요.

(1) 한 모서리의 길이는 몇 cm인가요?

(   )

(2) 정육면체의 부피는 몇 cm³인가요?

(   )

8 직육면체 모양의 물건을 보고 부피가 더 큰 물건의 기호를 써 보세요.

가   나

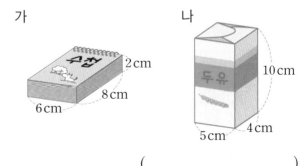

(   )

정답과 해설 68쪽

1 부피를 m³ 단위로 나타내기에 가장 알맞은 물건을 찾아 ◯표 하세요.

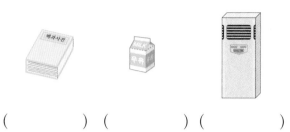

(   ) (   ) (   )

2 정육면체의 부피를 주어진 단위에 맞게 구해 보세요.

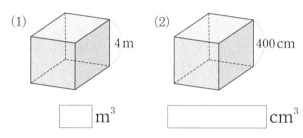

(1) □ m³

(2) □ cm³

3 직육면체의 부피는 몇 m³인가요?

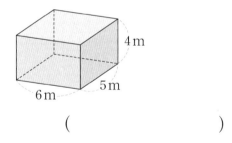

(   )

4 □ 안에 알맞은 수를 써넣으세요.

(1) $8 \text{ m}^3 =$ □ cm^3

(2) $2.9 \text{ m}^3 =$ □ cm^3

(3) $76000000 \text{ cm}^3 =$ □ m^3

(4) $900000 \text{ cm}^3 =$ □ m^3

5 부피를 비교하여 ◯ 안에 >, =, <를 알맞게 써넣으세요.

$$8900000 \text{ cm}^3 \bigcirc 89 \text{ m}^3$$

6 직육면체의 부피를 m³와 cm³로 나타내어 보세요.

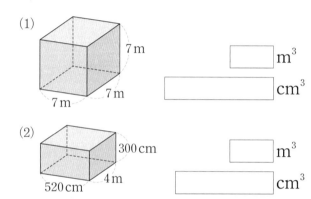

(1) □ m³

□ cm³

(2) □ m³

□ cm³

7 오른쪽 직육면체의 부피는 140 m³입니다. 직육면체의 가로는 몇 cm인지 알아보세요.

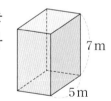

(1) 직육면체의 가로를 ■ m라고 할 때 부피를 구하는 식을 완성해 보세요.

$$■ \times 5 \times \boxed{} = \boxed{}$$

(2) 위 (1)의 식에서 ■는 얼마인가요?

(   )

(3) 직육면체의 가로는 몇 cm인가요?

(   )

개념 학습책 139쪽

1 직육면체의 겉넓이를 구하려고 합니다. 물음에 답하세요.

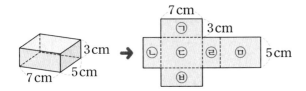

(1) 표를 완성하여 각 면의 넓이를 구해 보세요.

면	가로	세로	넓이(cm²)
㉠, ㉫	7		
㉡, ㉣		5	
㉢, ㉤			

(2) ☐ 안에 알맞은 수를 써넣으세요.

(직육면체의 겉넓이)
=(합동인 세 면의 넓이의 합)×2
=(☐+☐+☐)×2
=☐ (cm²)

2 정육면체의 겉넓이는 몇 cm²인가요?

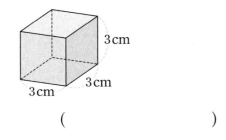

( )

3 전개도를 접어서 만들 수 있는 직육면체의 겉넓이는 몇 cm²인지 구해 보세요.

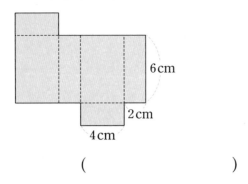

( )

4 정육면체의 전개도입니다. 색칠한 면의 넓이가 169 cm²일 때 이 전개도를 접어서 만들 수 있는 정육면체의 겉넓이는 몇 cm²인지 구해 보세요.

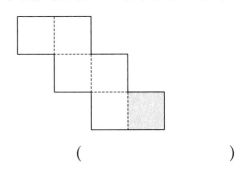

( )

5 두 직육면체 중 어느 것의 겉넓이가 몇 cm² 더 큰지 구해 보세요.

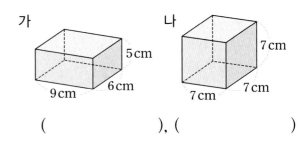

( ), ( )

6 전개도를 접어서 직육면체를 만들었습니다. 직육면체의 겉넓이는 126 cm²이고, 면 가의 넓이가 18 cm², 면 다의 넓이가 30 cm²일 때 면 나의 넓이는 몇 cm²인지 구해 보세요.

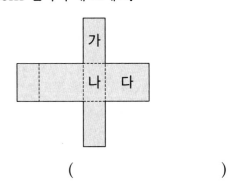

( )

1 부피가 큰 것부터 차례로 기호를 써 보세요.

> ㉠ 76000000 cm³
> ㉡ 5.3 m³
> ㉢ 가로가 40 cm, 세로가 90 cm, 높이가 5 m인 직육면체의 부피
> ㉣ 한 모서리의 길이가 5 m인 정육면체의 부피

(   )

서술형

2 직접 맞대었을 때 부피를 비교할 수 있는 상자끼리 짝 지어 보고 그 이유를 써 보세요.

가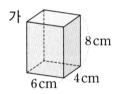
나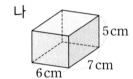
다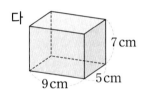

답 _____

이유 _____

_____

3 직육면체의 부피가 144 cm³일 때 겉넓이는 몇 cm²인가요?

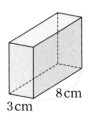

(   )

4 오른쪽 직육면체에서 색칠한 두 면의 넓이의 합이 24 cm²일 때 직육면체의 부피는 몇 cm³인지 구해 보세요.

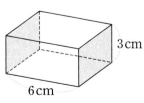

(   )

개념
학습책
142쪽

5 전개도를 접어서 만들 수 있는 직육면체의 겉넓이는 $158\,cm^2$ 입니다.
□ 안에 알맞은 수를 구해 보세요.

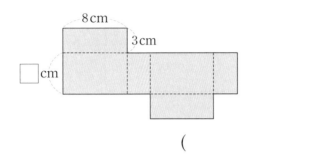

(   )

6 작은 정육면체 여러 개를 오른쪽과 같이 쌓아서 직육면
체를 만들었습니다. 만든 직육면체의 부피가 $192\,cm^3$
일 때 작은 정육면체의 한 모서리의 길이는 몇 cm인가
요?

(   )

7 오른쪽과 같은 직육면체 모양의 수조에 돌을 완
전히 잠기도록 넣었더니 물의 높이가 2 cm 늘어
났습니다. 돌의 부피는 몇 cm^3 인가요?

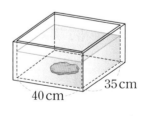

(   )

8 크기가 같은 쌓기나무 30개로 오른쪽 입체도형을 만들
었습니다. 만든 입체도형의 겉넓이가 $992\,cm^2$일 때 부
피는 몇 cm^3인가요?

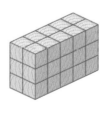

(   )

1 두 직육면체의 부피가 같습니다. □ 안에 알맞은 수를 써넣으세요.

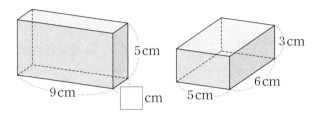

2 다음 직육면체 모양의 상자와 겉넓이가 같은 정육면체의 한 모서리의 길이는 몇 cm인가요?

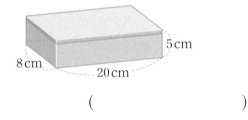

( )

3 둘레가 60 cm인 정사각형을 한 면으로 하는 정육면체의 겉넓이는 몇 cm²인지 구해 보세요.

( )

4 그림과 같은 직육면체 모양의 두부를 잘라 정육면체 모양을 만들려고 합니다. 만들 수 있는 가장 큰 정육면체의 부피는 몇 cm³인가요?

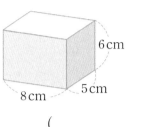

( )

5 그림과 같은 직육면체 모양의 창고에 한 모서리의 길이가 25 cm인 정육면체 모양의 상자를 빈틈없이 쌓으려고 합니다. 정육면체 모양의 상자를 모두 몇 개 쌓을 수 있나요?

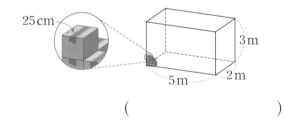

( )

6 입체도형의 부피는 몇 cm³인가요?

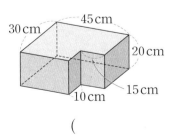

( )

학교시험대비 단원평가

점수	확인

1 두 직육면체의 세로와 높이는 각각 같습니다. 부피가 더 큰 직육면체의 기호를 써 보세요.

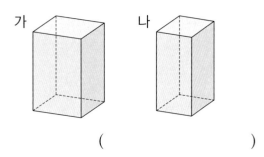

(   )

2 부피가 $1\,cm^3$인 쌓기나무로 다음과 같이 직육면체를 만들었습니다. 직육면체의 부피는 몇 cm^3인가요?

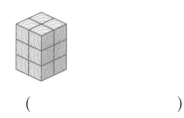

(   )

3 직육면체의 부피를 구하려고 합니다. ☐ 안에 알맞은 수를 써넣으세요.

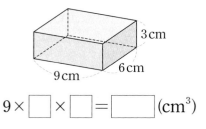

$9 \times \boxed{} \times \boxed{} = \boxed{}\ (cm^3)$

4 쌓기나무를 더 많이 담을 수 있는 상자의 기호를 써 보세요.

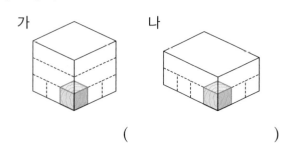

(   )

5 부피의 단위로 m^3를 사용하기에 알맞은 것을 모두 찾아 기호를 써 보세요.

> ㉠ 지우개의 부피   ㉡ 옷장의 부피
> ㉢ 냉장고의 부피   ㉣ 필통의 부피

(   )

6 ☐ 안에 알맞은 수를 써넣으세요.

(1) $5\,m^3 = \boxed{} cm^3$

(2) $40000000\,cm^3 = \boxed{} m^3$

7 정육면체의 부피는 몇 cm^3인가요?

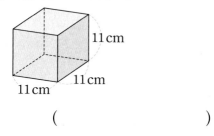

(   )

8 전개도를 접어서 만들 수 있는 정육면체의 겉넓이는 몇 cm^2인가요?

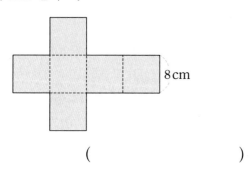

(   )

9 직육면체의 부피는 몇 m³인가요?

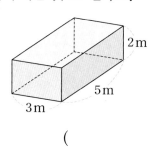

(   )

10 유라가 만든 상자입니다. 이 상자의 겉넓이는 몇 cm²인가요?

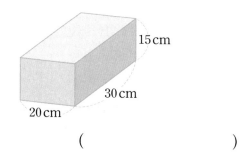

(   )

11 직육면체의 부피를 m³와 cm³로 각각 나타내어 보세요.

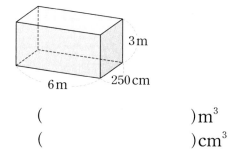

(   )m³
(   )cm³

12 한 면의 모양이 오른쪽과 같은 정육면체가 있습니다. 이 정육면체의 부피는 몇 cm³인가요?

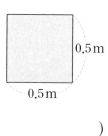

(   )

13 한 모서리의 길이가 2 cm인 정육면체 모양의 나무 블록 8개를 쌓아서 정육면체를 만들었습니다. 만든 정육면체의 부피는 몇 cm³인가요?

(   )

14 직육면체의 겉넓이가 208 cm²일 때 높이는 몇 cm인가요?

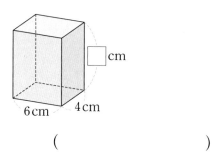

(   )

15 겉넓이가 384 cm²인 정육면체가 있습니다. 이 정육면체의 한 모서리의 길이는 몇 cm인가요?

(   )

6
단원

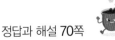
서술형

16 직육면체의 부피는 $30 \, cm^3$입니다. 이 직육면체의 겉넓이는 몇 cm^2인가요?

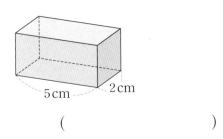

5 cm   2 cm

( )

17 그림과 같은 직육면체를 잘라 정육면체를 만들려고 합니다. 만들 수 있는 가장 큰 정육면체의 겉넓이는 몇 cm^2인가요?

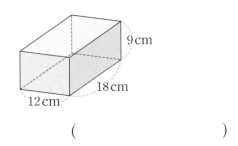

9 cm
18 cm
12 cm

( )

18 전개도를 접어서 만들 수 있는 직육면체의 겉넓이는 $38 \, cm^2$입니다. 직육면체의 부피는 몇 cm^3인가요?

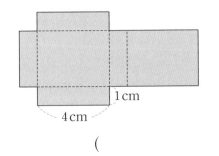

1 cm
4 cm

( )

19 한 면의 넓이가 $81 \, cm^2$인 정육면체가 있습니다. 이 정육면체의 부피는 몇 cm^3인지 풀이 과정을 쓰고, 답을 구해 보세요.

풀이

답

20 오른쪽 도형은 큰 직육면체에서 작은 직육면체 모양의 구멍을 뚫은 것입니다. 이 입체도형의 부피는 몇 m^3인지 풀이 과정을 쓰고, 답을 구해 보세요.

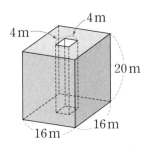

4 m
4 m
20 m
16 m
16 m

풀이

답

MEMO

MEMO